☞ 희극과 격언 2

☞ 에릭 로메르

☞ 길경선 옮김

☞ 만월의 밤

☞ 녹색 광선

☞ 내 여자친구의 남자친구

ÉRIC ROHMER

Comédies et proverbes

2

에릭 로메르

Éric Rohmer(1920·3·21 ~ 2010·1·11)
본명은 장 마리 모리스 셰레(Jean Marie
Maurice Schérer). 프랑스의 영화감독인
에릭 로메르는 비평가이자 소설가,
교사이기도 했다. 에릭 로메르라는 이름은
영화감독 에리히 폰 슈트로하임과 작가
삭스 로메르에게서 따왔다. 프랑스의
영화운동 누벨바그를 이끈 기수이면서도
감독 명성은 비교적 뒤늦게 얻었으며,
1956년에서 1963년까지 영화비평지
《카이에뒤시네마》의 편집장으로
활약했다. 오랜 시간에 걸쳐 발표한
'도덕 이야기', '희극과 격언' 그리고
'사계절 이야기' 연작은 동일한 주제에
대한 로메르의 변주 능력을 유감없이
드러낸다. 꾸밈없는 일상의 성실한
기록과 통찰은 인물의 마음속에 자리한
모험심을 길어 올리며, 이들의 대사 한마디
한마디에서 그날의 날씨와 분위기가
전해진다. 에릭 로메르는 '희극과 격언'에
속하는 「해변의 폴린」으로 1983년
베니스영화제 은곰상을, 「녹색 광선」으로
1986년 황금사자상을, '사계절 이야기'에
속하는 「겨울 이야기」로 1992년
베를린영화제 국제비평가협회상을,
「가을 이야기」로 1998년 베니스영화제
각본상을 수상하였다. 2010년 1월의
어느 아침, 눈을 감은 뒤 몽파르나스
묘지에 묻혔다.

옮긴이 길경선
서울대학교 불어불문학과와 같은
대학원을 졸업했다. 이후 이화여자대학교
통번역대학원 한불과에서 수학하고,
통번역사로 지냈다. 옮긴 책으로
에릭 로메르의 『사계절 이야기』,
기 드 모파상의 『밤: 악몽』, 『시몬 베유의
나의 투쟁』(공역), 『페멘 선언』 등이 있다.

Les Nuits de la pleine lune

만월의 밤

개봉 ☞ 1984년 8월 29일
러닝타임 ☞ 1시간 42분

루이즈 ☞ 파스칼 오지에
레미 ☞ 체키 카료
옥타브 ☞ 파브리스 루치니
카미유 ☞ 비르지니 테브네
바스티앵 ☞ 크리스티앙 바댕
카페의 화가 ☞ 라즐로 자보
티나 ☞ 리자 가르네리
루이즈의 친구 ☞ 마티외 시프만
마리안 ☞ 안세브린 리오타르
레미의 친구 ☞ 에르베 그랑사르
스타니슬라스 ☞ 노엘 코프만

영상 ☞ 르나토 베르타
영상보조 ☞ 장폴 토라유, 질 아르노
음향 ☞ 조르주 프라트
음향보조 ☞ 제라르 르카
사운드믹싱 ☞ 도미니크 엔캥
미술 ☞ 파스칼 오지에
편집 ☞ 세실 드퀴지
편집보조 ☞ 리자 에레디아
메이크업 ☞ 주느비에브 페랄라드
음악 ☞ 엘리와 자크노
현장진행 ☞ 장마르크 데샹,
　필리프 들레스트
제작사 ☞ 레필름뒤로장주,
　레필름아리안

"아내가 둘인 자는 영혼을 잃고,
집이 둘인 자는 이성을 잃는다."
― 프랑스 샹파뉴 지방 속담

11월.
마른라발레의 거리, 아침 8시.
거리 전경이 보인다.
날이 밝아온다.

마른라발레의 아파트.
복층 구조의 아파트다.
아래층 발코니에서는 레미가 운동을
마치려는 참이다. 위층 침실에서는
루이즈가 침대 가장자리에 앉아
낮은 목소리로 통화 중이다.

루이즈
여보세요? 옥타브?
나야, 루이즈… 미안, 어제는

전화할 수가 없었어…
그래, 좋아. 6시에 사무실로
날 데리러 와…
레미는 아마 안 올 거야.
그럼 이따 저녁에 봐!

루이즈는 전화를 끊고는 책 한 권을
챙겨서 계단을 내려간다.
손에 아령을 든 레미와 마주친다.

레미
오늘 저녁엔 어쩌지?

루이즈
당신은 갈 건지 안 갈 건지
얘기도 없었잖아.

레미
내가 가는 게 싫어?

루이즈
당연히 아니지!
하지만 오면 지루해할걸.

레미
그럼 당신은 집에
어떻게 오려고?

루이즈
내일 첫차를 타고 오면 돼.

레미
기차는 어디서 기다려?

루이즈
글쎄. 카페에 가도 되고.

레미

그럼 무척 피곤할 텐데.

루이즈

괜찮아, 내일 토요일이니까.
하루 종일 쉬면 돼. 일을
시작한 이후로 제대로 외출도
못 했어. 나한텐 그게 더 힘들어.
내 생활이 전혀 없잖아.

레미

엄살 좀 부리지 마. 불평할
사람은 오히려 나라고! 당신은
매일 점점 더 늦게 들어오잖아.
그러다 조만간 집에는 잠만 자러
들르겠지!

루이즈

친구들 좀 만난 것 가지고
뭘 그래! 나한테 그건 외출도
아니야. 그리고 오늘은 그럴
기회가 생겼으니 제대로 즐기고
싶어. 난 꼭 가끔은 밤을 새우며
놀아야 해. 당신 기분을 나쁘게
하려는 게 아니야. 그냥 내가
그런 사람인 거지. 그리고
내키지 않으면 당신은 오지
않아도 돼.

레미

루이즈의 손을 잡으며
난 당신과 함께 있고 싶다고.
같이 살면 같이 외출하는 게
당연한 거 아냐?

루이즈

꼭 그런 건 아니지, 다른 한쪽이
원치 않는다면 말야. 상대가
하기 싫은 걸 하게 강요해서도,
하고 싶은 걸 못 하게
강요해서도 안 되는 거라고.

레미

난 당신이랑 외출하는 게 싫다고
말한 적 없어. 당신이 어지간한
시간에만 돌아온다면!

루이즈

당신에겐 아니겠지만,
나한텐 그게 딱 '어지간한'
시간이야. 난 내일 하루 종일
잘 거야. 당신은 테니스 치러
나갈 거잖아. 난 그런 당신을
이해해. 그러니 당신도 날 좀
이해하려고 해 봐.

레미

목소리를 높이며
둘 중 하나를 선택해.
내가 가서 나랑 같이 정상적인
시간에 돌아오든가,
아님 난 안 갈 테니 당신이
알아서 집으로 돌아와.

루이즈

가서 잠깐 있다가 당신 혼자
집에 오면 되잖아.
아주 간단한 일이라고.

레미
그럼 안 갈게!
그게 훨씬 간단하겠지!

루이즈는 문가로 간다.

루이즈
그럼 오지 마. 난 이만 가볼게!

마른라발레의 거리.
루이즈는 RER(고속교외철도)
역으로 향한다. 에스컬레이터를 타고
플랫폼으로 올라와 열차를 기다린다.

열차 안.
루이즈는 잡지를 넘겨본다.

빅투아르 광장.
루이즈는 사무실로 향한다.

인테리어 사무실, 오전 9시 30분.
동료들에게 인사하며 들어온 루이즈는
자리를 잡고 일을 시작한다.

빅투아르 광장, 오후 5시 30분.
거리에 주차를 마친 옥타브가
책 한 권을 들고 차에서 내린다.

사무실.
루이즈는 외투를 입고 동료들에게
인사한다. 사무실 입구에서 자신을
기다리던 옥타브를 만난다.

루이즈
잘 지냈어?

옥타브
나 집에 잠깐 다시 들러야 해.

루이즈
나도 마찬가지야.

옥타브
뭐라고? 거길 다시 간다고?

루이즈
마른라발레에 있는 집 말고,
파리 집. 나 파리에도
집 있는 거 알잖아.

옥타브
세를 줬잖아!

루이즈
그랬는데, 거기 살던 친구가
나갔어. 그래서 내가 좀 쓰려고.
방 구경하러 같이 가자.
오늘이 마침 기회야.

퐁슬레 거리.
옥타브와 루이즈는 시장을 가로질러

한 건물 안으로 들어간다.

건물 복도.

옥타브
여기 멋진데!

루이즈의 아파트.
아파트는 공사 중이다.

루이즈
불을 켜며
자, 여기야!

옥타브
방이 크네. 이걸 다 네가
다시 칠한 거야?

루이즈
친구들이 좀 도와줬지.
너도 해볼래?

옥타브
이런 일엔 영 소질 없는 거
너도 알잖아. 그런데 넌 참
솜씨가 좋다니까. 그런 인상은
아닌데 말야.

루이즈
어떤데?

옥타브
깃털처럼 연약해 보이는데

사실은 체력도 좋고, 일 잘하고,
야무진 사람이니까.
너희 집도 네가 페인트칠해?

루이즈
여기가 내 집이야.

옥타브
남자친구 집 말야.

루이즈
거긴 그럴 필요 없어.
진짜 새집이거든.

옥타브
거기서 끔찍이도 지루하겠어.

루이즈
생각보단 덜해.
언제 한번 놀러 와.

옥타브
난 교외에 가면 우울하더라.
넌 어떻게 그 구석에 파묻혀 살
마음을 먹은 거야?

루이즈
그거야 레미가 신도시 개발
사업에서 괜찮은 자릴 맡게
됐으니까.

옥타브
좀 앉아도 돼?

루이즈
덮개 아래에서 의자 두 개를 꺼내며

미안, 미처 생각을 못 했네.

옥타브
앉으며
난 신도시라는 거 못 미더워.

루이즈
부엌에서
그이는 신봉자야.

옥타브
레미가 파리에서 살 수는
없었던 건가.

루이즈
그럼 생활비가 배로 드니까.
게다가 그이는 일하는 곳에서
살아야 한다고 믿는 사람이야.
그게 더 정직하다고 여기지.

루이즈가 커피를 가져온다.

옥타브
감옥을 짓는 일을 맡으면
감옥에서 살겠다는 거야?

루이즈
그럴까 겁나네. 충분히 그러고도
남을 사람이라.

옥타브
그때도 그 사람을 따라갈 거야?

루이즈
있지, 사실 난 지금도 레미를
완전히 따라간 게 아니야.

이 방을 계속 갖고 있으면서,
내 짐을 거의 여기에 놔뒀지.

옥타브
그래서 이 짐들은 이제
어디에 두려고?

루이즈
이제?

옥타브
다시 세를 놓을 거 아냐.

루이즈
이제 세 안 놓으려고.

옥타브
그럼 도대체 누구 좋으라고
칠을 다시 하는 거야?

루이즈
날 위해서. 내게도 나만의
공간이 필요해.

옥타브
어라, 그건 좀 위험하게
들리는데!

루이즈
그럴지도. 하지만 있잖아,
네가 지금 여기 와 있는 건
아직 공사가 끝나지 않았기
때문이야. 공사가 끝나면
너는 물론이고 그 누구도
여기 데려오지 않을 거야. 난
가끔 혼자 있을 필요가 있어.

성말로 혼자만. 그리고 언젠가
레미를 떠나게 된다면, 물론
그럴 일은 당장 없겠지만,
다른 남자와 같이 살기 위해서
헤어지는 건 절대 아닐 거야.
상상해봐. 열다섯 살 이후로 난
하루도, 어떤 기간도 완벽히
혼자인 적이 없었다니까. 처음
같이 살던 남자와 헤어졌을 때
이미 그다음 남자를 만나고
있었거든. 순조롭게 옮겨간
셈이지. 갈수록 새로운 남자에게
마음이 끌리면서 전 남자로부터
서서히 멀어진 거야. 나에게
절대적으로 부족한 게 하나
있어. 바로 외로움을 느껴본
적이 없다는 거야. 그로 인한
고통도 겪어보지 못했지.

옥타브
외로움이라는 거 전혀
유쾌한 경험이 아닌데.

루이즈
이제 알게 되겠지.
적어도 내가 그걸 직접 겪도록
놔뒀으면 해.

옥타브
누가 말리든?

루이즈
사람들. 날 사랑하는 사람들
말야. 날 너무 사랑한다니까.

옥타브
널 사랑하지 않는 사람을
사랑해본 적은 있어?

루이즈
아니! 솔직히 없는 것 같아.
보통 사람들과 달리
내겐 상상할 수 없는 일이거든.
나에게 적대적이거나
날 무시하려는 사람을
사랑한다는 거. 나의 욕망을
깨우는 건 상대방의 욕망이야.

옥타브
그건 설명할 수 있어. 하지만
네가 들으면 기분 나빠할 거야.

루이즈
어디 해봐.

옥타브
루이즈의 발치에 앉아
그녀의 손을 잡으며
넌 정말 아름다워.
수많은 남자들이 네게 호감을
느끼지. 그중에는 확신컨대
아주 괜찮은 남자들도 있어.
그런데 널 맘에 들어 하지 않는
몇몇 얼간이들이 있는 거야.

루이즈
내가 그들을 안 좋아한다면?

옥타브
끝까지 들어봐! 넌 그 남자들이

널 마음에 들어 하지 않는다는
걸 느끼고 몹시 당황하는 거야.
그러고는 조금이라도 좌절하게
될까 겁이 나서 안전하게
스스로를 낮추고 너보다
한참 못한 남자들을 만나는
거고. 그렇게 넌 안심하는
거야. 그런데 네가 틀렸어.
괜찮은 남자들이 널 훨씬 많이
좋아할 수도 있는데.

루이즈
대체 무슨 소리야?

옥타브
네가 의식적으로 그러는
거라고는 생각 안 해. 완전히
너도 모르게 이루어지는 선택인
셈이지. 하지만 사실이야.

루이즈
틀렸어! 지금껏 난 괜찮고
까다로운 남자들만 만났다고!

옥타브
그렇지 않아.
다시 일어서며
그 남자들은 괜찮고
까다롭지 않았어. 넌 훨씬
근사한 남자를 만날 수 있어.

루이즈
더 근사한 남자라니?
무슨 말이야? 너더러 레미를

좋아하라고 강요하진 않겠어.
너도 나한테 너의 부인을
좋아하라고 강요하지 않잖아.
하지만 난 그녀가 좋아. 너희
두 사람은 참 잘 어울리거든.

옥타브
그런데 너희는, 이런 말
해도 될지 모르겠지만 전혀
어울리지 않아. 게다가 넌
그를 사랑하지 않지. 그러지
않고서야 네가 이렇게 따로 방을
둘 리가 없잖아.

루이즈
난 방을 따로 두려는 게 아니야.
난 외출해서 노는 걸 좋아하는데
그이는 싫어해. 우리가 서로
맞지 않는 유일한 점이지.
그것 빼곤 다 좋아…
게다가 레미는 아침에 나보다
일찍 일어나야 하고…
그리고 한 가지 더. 난 차가
없는데 그이에게 내 기사 노릇을
시킬 마음은 없거든. 그러니
이 방은 우리 둘 모두에게
이득인 셈이지. 가끔 내가
여기서 자면, 집에 들어갈 때
나 때문에 레미가 깨지 않아도
될 테니까.

옥타브
그 사람 생각은 어떤데?

루이즈
모르지. 아직 얘기 못 꺼냈거든.

옥타브
아무 말도 안 했다고?

루이즈
응.

옥타브
저런. 얘기를 꺼낼 수나 있겠어?

루이즈
해야지. 좀 시끄러워지더라도.

옥타브
분명 그럴 거야. 확실해.
잘된 거지. 그럼 넌 레미를 떠날
핑계가 생기는 거니까.

루이즈
주방문에 가까운 벽에 등을 기대며
레미를 떠날 맘 없어! 그 반대야.
계속 만나고 싶다고. 그 사람을
사랑하고 싶어. 그런데 이런
내 마음을 가로막는 게 딱
한 가지 있어. 그가 날 너무
사랑한다는 사실 말이야. 누가
날 너무 사랑하면 난 자동적으로
그 사람을 덜 사랑하게 돼.

옥타브
당연한 거야. 레미에게 넌 너무
아까우니까! 못되게 말하기
싫지만, 너희는 어그러질 커플의

전형이야. 온갖 징후들이
나타나잖아. 이미 그런 과정이
시작됐다면 되돌릴 수 없다고.

루이즈
너 못됐다. 난 뭔가 시도해보고
싶은 거야. 그이가 날
이해한다면, 그래서 조금만
양보해준다면, 그럼 정말
좋을 것 같아. 여자가 얼마나
민감한데. 남자가 여잘 위해
조금만 노력을 해도 여자는 깊이
감동받지. 남자에게 대단한 걸
바라는 게 아냐.

옥타브
내가 아는 레미라면, 넌 지금
대단한 걸 바라는 거야.

루이즈
레미가 대단한 걸 못해줄 건
또 뭐야? 본인이 말하는 만큼
날 사랑한다면.
루이즈는 옷장으로 가서
드레스를 꺼낸다.
자, 난 이제 옷을 갈아입을 거야.
네 집에 들를 거면 지금 가.

옥타브
손목시계를 보며
아직 좀 이른데. 아가트가
아이를 재우고 있을 거라 지금
가면 방해만 될 거야. 그러고
나서 아가트는 곧바로 음악회에

ÉRIC ROHMER

16

갈 테고… 너만 괜찮으면
여기 있을게. 끝내야 할 글이
있거든.

루이즈
난 괜찮아. 그런데 준비하려면
30분은 걸릴 거야.

옥타브
주머니에서 수첩을 꺼내며
괜찮아. 나도 마찬가지야.

콩코르드 광장.
옥타브의 차가 센 강 좌안으로 향한다.

옥타브의 아파트 층계참.
옥타브와 루이즈는 문 앞에 와 있다.

옥타브
조심해. 애가 깨면 안 돼.

루이즈
아이 혼자 있어?

옥타브
문을 열며
아니. 베이비시터가 있어.

루이즈
나랑 들어가면 오해받겠는데!

옥타브
어렵하겠어!

옥타브의 아파트.
옥타브는 루이즈와 함께 거실로
들어온다. 베이비시터가 소파에 앉아
책을 읽고 있다. 옥타브는 그녀에게
아이가 잠들었는지 묻는다.
그녀는 아이가 이미 자고 있다고
답하고 자리를 뜬다.

옥타브
앉아. 코트는 벗어두고.

루이즈는 코트를 벗고 소파에 앉는다.
탁자에는 아가트와 딸의 사진이 놓여
있다. 루이즈는 사진들을 들여다본다.

루이즈
네 아내 참 예뻐. 그녀에게
소홀하면 안 돼.

옥타브
옷을 갈아입으며
소홀하지 않아! 내가 아가트를
사랑하지 않는 것 같아? 틀렸어.
사람들은 내가 아가트를 혼자
둔다고 생각하더라. 잘못
생각하는 거야. 우리는 거의
모든 시간을 함께 보낸다고 해도
과언이 아니라고. 난 글을 쓰고
아가트는 음악을 하기 때문에
일하는 시간이 정해져 있지
않잖아. 그래서 하루 종일 집에
같이 있어. 난 저녁에야 아내와

떨어지는데, 물론 매일 저녁
그러는 것도 아니고, 어쨌든
그래봤자 출근을 하는 것보다야
훨씬 적은 시간이지. 그리고
그런 시간은 어떻게든 내게
영감을 줘. 아가타는 그런 날
잘 이해해주고.

딸의 사진을 바라보는 루이즈를 보며
언젠가 너도 아이를 갖고 싶어?

루이즈
아마도, 언젠간. 지금은 아니고.
아이는 열여섯이나 열여덟 살에
낳아야 하는 것 같아. 아무것도
모를 때 말이야. 그게 아니면
아예 서른쯤, 인생의 방향이
정해졌을 때.

옥타브
레미도 아이를 원해?

루이즈
지금껏 내가 만난 남자들은 모두
아이를 갖고 싶어 했어.

옥타브
그래야 널 붙잡을 수 있을
테니까… 그거 알아?
나도 너 같았어. 아이를 낳으면
정착한 사람들의 범주에
들어가게 된다고 생각했지.
끔찍한 일이라고. 결국 난
그렇게 되지 않았어. 뭐 그러길
바라지. 하지만 거기에 빠지지

않으려고 어마어마하게
애를 쓰고 있는 거야.

루이즈
나도 그래. 난 내가 어른이라는
생각은 안 들어. 빨리 그렇게
되고 싶은 마음도 없고. 반면에
레미는 자신이 어른이라고 믿고,
나도 그러길 원하지. 그 사람이
내 젊음을 죽이고 있어. 내가
무엇보다 중요시하는 게 있는데,
젊음의 표현 같은 거랄까.
친구들과 외출하는 것, 새로운
사람들을 만나는 것, 춤추러
가는 것, 일요일이나 매일
저녁의 계획을 항상 안 세워도
되는 것. 하지만 레미가
못 하게 한다니까!

옥타브
유혹하길 포기한다는 건
늙었다는 얘기야.

루이즈
난 젊어. 하지만 항상 모든
사람을 유혹하고 싶지는 않은데.

옥타브
넌 너도 모르게 사람들을
유혹하고 있어. 당연한
거지. 유혹하고 싶은 마음이
들지 않는다면 죽은 거나
마찬가지니까. 죽은 것보다
더하지… 난 유혹하는 게 좋아.

그게 다야. 유혹을 위한 유혹을
즐기지. 그 끝이 어디인지는
중요하지 않아. 육체적인 걸
말하는 거야.

루이즈

난 육체적인 관계에는
관심 없어. 지금껏 단 한 번도
육체적이기만 한 관계는
가져본 적 없어.

옥타브

루이즈에게 다가와 그녀를 안으며
그렇긴 해도, 난 네가 가끔은
완벽히 육체적이기만 한 관계를
가져보는 것도 괜찮을 것 같아.
건장한 남자들 말고.
이를테면 나랑… 난 별로야?

루이즈

부드럽게 빠져나오며
널 좋아해. 하지만 너에게
끌리지는 않아.

옥타브

루이즈의 손을 잡으며
너한테 필요한 게 바로 그거야.
동물적으로 끌리지 않는 남자.
네가 만났던 모든 남자와
다르게 말야. 물론 지금 애인을
포함해서.

루이즈

미쳤구나!

옥타브

루이즈 곁에서 멀어지며
어쨌든 난 너에게 무척이나
끌려. 하지만 자제하고
있는 거야. 네가 그러길
바라니까.

옥타브는 루이즈를 다시 품에 안더니
팔 안쪽에 입 맞춘다.

루이즈

이러지 마! 베이비시터가
들어오기라도 하면 어쩌려고!

옥타브

걱정 마. 조심성 있는 친구야…
걔가 우릴 볼까 봐,
단순히 그게 두려운 거야?

루이즈는 옥타브의 품에서 벗어나려
하지만 옥타브가 그녀를 붙잡고 몸을
어루만진다. 그러자 루이즈는 옥타브를
강하게 밀쳐낸다.

루이즈

그만해, 옥타브! 너 미쳤어?
난 동의한 적 없다고!
루이즈가 소리를 지르고,
불편한 침묵의 시간이 스친다.

옥타브

넌 내가 이 세상에서 가장
존중하는 여자야. 네 안에는
뭔가 순결한 면이 있어.
그 무엇에도 꺾이지 않는 야생의

아마존 여전사 같은 면모랄까.
난 감히 널 만질 수가 없어.
그리고 다른 남자들이 널 만지는
것도 못 참겠어. 네가 다른 남자
품에 안긴다는 생각만 해도,
그게 누구든 난 견딜 수가 없어.
하물며 네가 만나는 남자들은
애통하게도 하나같이 동물적인
그런 짐승들이니.

루이즈
동물적이라고, 넌 그 말밖에
할 줄 모르는구나. 너도
동물적이야. 너 나름대로.

파티가 열리는 아파트, 밤 10시.
카미유는 루이즈와 옥타브가
들어오는 것을 바로 알아본다.
카미유는 반갑게 루이즈와 포옹한다.
루이즈가 옥타브를 소개한다.

루이즈
옥타브 알지?

카미유, 옥타브
악수를 나누며
안녕하세요.

옥타브는 말없이 다른 사람과
인사하러 자리를 뜬다.

카미유
일은 어때?

루이즈
그럭저럭. 나야 뭐 말단이니까.
아이디어가 넘치는데 이런
자리에 있으니 좀 힘들긴 해.
뭐, 그래도 괜찮아.

카미유
그래도 너 자신을 위한 일은
조금씩 계속 하고 있는 거지?

루이즈
그럼. 페인트칠에, 미장에,
배관 공사까지…
루이즈는 웃는다.
전등도 만들고.

카미유
정말? 전등도 만든단 말이지!
나 전등에 관심 많은데.
왜냐면… 어쨌든 언제 한번 꼭
보여줘. 나 너희 집 바로 근처에
사는 거 알아?

루이즈
정말이야?

카미유
그렇다니까. 에프랭빌에 있는
1930년대 주택을 구했어.

루이즈
그래?

카미유
아주 예쁜 집이야. 정말 만족해.

파리에서는 이것저것 일이 많아
정신없었거든. 레미는 잘 지내?

루이즈
잘 지내. 그이는 이따 잠깐
들를 거야. 일이 많거든.

카미유
레미는 외출을 별로
안 좋아 하는 것 같아. 넌?
여전히 자주 외출해?

루이즈
아니. 예전만큼 안 그래.

카미유
이제 철든 거야?

루이즈
그런 게 아니라 나갈 기회가
별로 없어.

카미유
파리는 어떻게 와?
차가 있어?

루이즈
아니. 하지만 역 근처에 살아.

카미유
레미가 거기서 아직 네 일자리를
못 구해줬나 봐?

루이즈
난 말이야, 사는 지역에서
일하는 건 별로야.

카미유
아, 그건 이해해.
레미랑 완전 반대네.

루이즈
그럼! 이 점에 있어서
우리는 상극이지.

카미유
미소 지으며
레미도 양반은 못 되네.

레미가 두 사람에게 다가와
입 맞춰 인사한다.

루이즈
레미에게
카미유가 에브랭빌에 사는 거
알고 있었어?

레미
몰랐지. 언제부터?

루이즈는 두 사람을 두고
옥타브에게로 간다.

카미유
한 달 정도 됐어.
꽤 넓은 집이야. 작업실로 쓸
공간도 있고, 지금 나랑 같
이 일하는 친구도 함께 살아.
정말 좋아.

레미
자비에는?

카미유
자비에?
어… 자비에랑은 끝났어.
사는 게 그렇지, 뭐!

옥타브와 루이즈가 온다. 옥타브는
레미와 차갑게 악수를 나눈다.
루이즈는 사람들이 춤추는 곳으로
간다. 옥타브는 루이즈를 따라가고,
카미유는 레미에게 같이 가자는 눈길을
보낸 뒤 자리를 뜬다. 레미는 고개를
가로젓고는 혼자 남는다.
춤을 추는 사람들 중에 바스티앙과
마리안이 있다. 마리안은 카미유를
보자 미소 짓는다. 레미는 찌푸린
얼굴로 춤추는 사람들의 무리를
바라본다. 루이즈와 바스티앙은 함께
어울려 멋지게 춤을 준다. 주변에서
춤을 추던 사람이 그들의 춤을
방해하지 않으려 거리를 둘 정도다.
루이즈는 레미와 혼자 춤추는 옥타브
두 남자를 동시에 자극하려는 듯
바스티앙을 뚫어져라 바라보며 자신의
매력을 한껏 뽐낸다. 무리에서 빠져
나온 카미유는 레미에게 다가간다.

카미유
춤 안 출 거야?

레미
응.

카미유
같이 추러 가자!

레미
난 춤은 젬병이야.

카미유
당신 같은 만능 스포츠맨이 왜!

레미
그거랑 아무 상관없어.
오히려 춤을 추면 쉽게 지치지.
뭐, 그래서 안 추는 건 아니고.

카미유
요즘도 테니스 쳐?

레미
그럼. 그 어느 때보다 열심히.
퐁트네에 실내 코트가 있어서
테니스 치기 참 좋거든. 너는?

카미유
난 별로. 실력이 정말 형편없어.
그래서 나랑 같이 사는
마리안이 가르쳐주고 있지. 정말
잘 치거든. 거의 프로급이야.
그런데 얘는 춤도 잘 추더라.
저기 보이는 애야.

카미유는 마리안을 가리킨다.
마리안이 춤을 추며 다가온다.

마리안
무슨 일이야?

카미유
아냐. 아무것도 아니야.
너 레미 알아?

마리안
아니… 안녕하세요.

레미
안녕하세요.

마리안이 레미에게 손을 내밀자
그는 기계적으로 악수한다.
마리안은 다시 춤추기 시작한다.

카미유
춤추는 곳으로 향하며
같이 안 갈래?

레미
응. 난 이만 돌아가야겠어.

카미유
벌써?

레미는 춤추는 사람들 틈에서
루이즈를 찾는다.

레미
난 집에 갈 거야.
같이 갈래?

루이즈
싫어. 말했잖아.
난 더 있을래.

레미
어떻게 오려고?

루이즈
알아서 갈게.
카미유, 이따 날 좀 태워줄래?

카미유
그래. 알겠어.

레미
카미유한테 더 있으라고
강요하지 마.

루이즈
어차피 앤 여기 더 있을 거야.
카미유에게
더 있을 거지?

카미유
응, 좀 더 있다 갈 거야.
레미에게
레미 너도 좀 더 있다가
가지그래!

레미
카미유에게
얼마나 더 있을 건데?

카미유
글쎄. 우리도 곧 가야지.

루이즈
참지 못하고
우린 괜찮다고. 알겠어?
지루하면 당신 먼저 가라니까.

레미
살짝 화가 나서
그래, 좋아. 간다고!
고마워, 카미유.
갈게.

레미는 거칠게 뒤돌아
문 쪽으로 향한다.

카미유
루이즈에게
미안. 괜히 나 때문에
싸우면 안 되는데!

루이즈
무슨 소리야!

루이즈는 레미를 쫓아 뛰어가서
그의 소매를 붙잡는다.

루이즈
울먹이며
부탁이야! 이러지 마.
나 오늘 모처럼 즐겁게 보내고
있잖아.

레미
가서 마음껏 즐겨. 누가 말려.
난 돌아갈 거야.

루이즈
날 좀 이해해줘.
당신은 따분하겠지만 난 정말
즐겁단 말이야.

레미
그래, 아주 잘됐네. 울지 말고.
이만 갈게. 이거 놔.

루이즈
당신이 그렇게 화를 내면
마음이 안 좋단 말이야.

레미
화 안 났다고! 이거 놔!

레미가 떠나자 루이즈는 슬퍼하며
사람들과 떨어진 곳에 혼자 앉는다.
옥타브가 다가온다.

옥타브
무슨 일 있어? 우는 거야?

루이즈
눈물을 닦으며
오늘 저녁은 다 글렀어.
네 눈엔 참 우습지? 그이는 날
불행하게 하고 자기 자신도
불행하게 만들어. 아주
조금만 노력해도 우리 둘 다
행복해질 수 있는데…
뭐 좀 먹으러 갈래? 난 슬프면
식욕이 사라지기는커녕
더 먹고 싶더라.

도로, 차 안.
운전을 하고 있는 카미유 옆자리에는
루이즈가 앉아 있고,
뒷자리에는 마리안이 잠들어 있다.

카미유
아무리 그래도 네가 레미에게
과했어. 성격 있는 거 네가 잘
알잖아. 그러면서 매번 그렇게
레미를 자극하면 어떡해!

루이즈
뭘 어쩌라는 거야? 레미는
안 오겠다고 해놓고 온 거야.
늘 그렇게 나를 쫓아다닌다니까.

신호등이 빨간불로 바뀐다. 차가
서서히 멈춘다.

카미유
그래. 하지만 같이 살면 외출도
같이 하는 게 당연한 거잖아…
차가 완전히 멈추자 카미유는
루이즈를 바라본다.
자비에가 날 두고 외출했다면
나라도 못 참았을 거야.

루이즈
나라면 아주 잘 참을 수 있어.
오히려 난 레미가 가끔은
날 두고 외출했으면 좋겠어.

카미유
자기 친구들이랑?

루이즈
여자들이랑이어도 상관없어.
이를테면 너랑.
내겐 믿음이 있으니까.

카미유
나? 그래, 뭐 안 될 거야 없지.
하지만 다른 여자들이랑은?

루이즈
말했잖아. 난 그이를 믿는다고.

카미유
그러다 레미가 사랑에
빠지기라도 하면 어쩌려고
그래? 충분히 그럴 수 있잖아.

신호등이 초록불로 바뀐다.
차가 다시 출발한다.

루이즈
레미는 사랑에 빠지고
싶어 하지 않을걸.

카미유
원하든 원하지 않든 그런 일은
생길 수 있는 거야.

루이즈
그런 일이 생기면 생기는
거지. 그럼 날 더는 사랑하지
않는다는 거고. 날 사랑하지
않는다면 나도 그이를 사랑하지
않을 거야.

———————————————

마른라발레의 거리.
건물 안으로 들어간 루이즈는
계단을 오른 뒤 집 안으로 들어간다.

———————————————

마른라발레의 아파트.
위층의 침실 문에서 빛줄기가
새어나온다. 루이즈가 계단을
올라가려고 하자 문이 열리면서
레미가 나타난다.

LES NUITS DE LA PLEINE LUNE

루이즈

미안. 나 때문에 깬 거야?

레미

안 잤어. 책 읽을 거니까
신경 쓰지 마.

레미는 계단을 내려와 거실로 간다.
루이즈가 레미를 따라가 곁에 앉고는
그의 손을 잡는다.

루이즈

용서해줘.

레미

뭘 용서해? 당신 때문에 깬 거
아니야. 안 잤다고 얘기했잖아.

루이즈

아까 일 말이야.
내가 못되게 굴었지.

레미

거칠게 몸을 빼며
그 얘긴 지금 꺼내지 마.
가서 자! 둘 중 하나라도
푹 자야지!

루이즈

그래, 알겠어. 어쨌든 미안해…

레미

미안하다고? 당신은 그 말밖에
할 줄 모르지! 사과를 하려면
정말 미안해하란 말이야!
그게 아니면 아예 그런 말

하지 마! 좀 솔직해지라고.
당신은 정말 행복하겠지. 그래,
적어도 하나는 행복해야지!

루이즈

다정하게
난 당신이 행복했으면 좋겠어.

레미

씁쓸하게
나한테 많은 걸 바라는군!
격분하여
내가 행복하길 바란다면,
그래, 좋아, 나 행복해. 아주
행복하다고! 행복한 얼간이지!
이렇게 얼간이처럼 살도록
내버려둬. 가서 자라고!
레미가 루이즈에게 다가가자,
루이즈는 겁에 질려 뒷걸음한다.
무서워? 걱정 마. 당신을 때릴
마음 없어. 때릴 거면 나를
때려야지. 얼간이, 바보, 멍청이
같은 나를!
레미는 자기 몸을 때린다.
죄다 내 문제라고.
퍽!

루이즈

울먹이며
그만해, 제발!

레미

더 세게 자신을 때리며
날 더 세게 쳐야지.

퍽! 퍽!

당신을 다치게 할 마음 없어!

퍽!

난 더 할 수도 있다고!

퍽! 퍽!

앗! 아야!

벽 모서리에 팔꿈치를 부딪힌 레미는
아파서 소리친다. 루이즈는 비명을
지른다. 레미는 루이즈를 붙잡아
바짝 안는다.

소리 지르지 마!

소리 지르지 말라고!

루이즈는 발버둥 칠 엄두도
내지 못한다. 레미는 루이즈를
놓아주고는 제 몸을 만져본다.

아무것도 아냐. 부러진 데도
없고. 내버려 둬.

레미는 팔을 잡으며 소파에 털썩
주저앉는다. 루이즈는 가엾게 그를
바라보다가 위층으로 올라간다.
잠시 후 루이즈는 잠옷을 입고 다시
내려온다. 레미는 아직도 기운 없이
늘어져 있다. 루이즈가 그의 곁에
가 앉는다.

레미

하품하며

미안해. 뭐에 씌었었나 봐…

루이즈

난 오늘 정말 당신 기분을
망치려던 게 아니었어.

레미

내 기분을 망치지 않았어.
다른 때랑 다를 것도 없었다고.
하지만 내 기분이 좋을 수
없다는 건 이해해야지. 당신은
나를 두고 그렇게나 즐겁게
시간을 보내는데!

루이즈

당신은 나랑 5분만 떨어져도
난리를 치잖아!

레미

내가 싫다는 걸 하니까.

자리에서 일어나며

당신은 도망칠 생각뿐인 것
같아. 부모의 품을 벗어나려는
어린애 같다고. 난 당신의
아빠가 아니야! 같이 외출하면
늘 나랑 숨바꼭질하기 바쁘지.
내 기분이 어떻겠어!

루이즈

아까 그렇게 지루해할 거였으면,
그냥 안 오면 됐잖아.

레미

그래. 거길 간 건 내 잘못이었어.
당신 친구들 정말 기분 나빠.
얼마나 기분 나쁜 인간들인지
당신은 모른다고! 특히
그 옥타브 녀석. 도대체 그놈
어디가 좋아? 나한테 어떻게
인사하는지 봤지? 그 녀석에게

예의나 좀 가르치지그래!
앞으로 되도록 안 마주치고
싶어.

루이즈
나는 옥타브랑 만나도
되는 거지?

레미
내 허락은 필요 없잖아.

루이즈
필요해! 그래야 내가 당신
몰래 뭘 한다는 소릴 안 듣지.
오래전부터 하고 싶던 얘기가
있어. 지금이 적절한 때가
아닌 것 같기는 하지만,
뭐 괜찮을지도. 이미 얘기를
시작했으니까. 해결책을
찾아보려는 거야.

레미
무슨 해결책?

루이즈
이제 얘기하려고.
하지만 그 전에 화내지
않겠다고 약속해줘.

레미
내가 왜 화를 내?

루이즈
내 얘길 들으면 화낼 거야.
분명해.

레미
겁나게 왜 이래?

루이즈
심각한 거 아니야. 당신을 위한
일이야. 괴롭히려는 게 아니라.

레미
그래. 화 안 낼게.

루이즈
화낼걸. 당신은 부정적인
면만 볼 테니까, 긍정적인 면이
아니라.

레미
어서 말해봐!

루이즈
화 안 낼 거지?

레미
조금 전 일 때문에라도
그게 뭐든 지금은 화낼 힘도
없어. 당신은 때를 아주
잘 고른 거야. 자, 그래서 하고
싶은 얘기가 뭔데?

루이즈
잘 들어봐. 내가 생각한 게
하나 있는데, 당신이
받아들이기만 한다면 완벽한
해결책이 될 거야. 당신 정말
우리 둘 모두 행복하길 바라지?
내가 늘 마음이 편안하고,

또 당신에게 아무것도 숨기는 게
없길 바라지? 난 당신과
함께여서 행복하고, 당신은
나와 함께여서 행복하길
바라는 거 맞지?

레미
그럼, 당연하지. 그래서 뭔데?

루이즈
그러니까, 이번 주에
내 아파트에 페인트칠을
시작했어.

레미
세놓으려고?
루이즈는 고개를 가로젓는다.
아, 그럼 팔려고?

루이즈
아니. 내가 쓰려고.

레미
깜짝 놀라며
뭐?

루이즈는 웃으며 레미를 껴안는다.

루이즈
걱정 마. 절대 헤어지려는 게
아니니까.

레미
거기서 같이 살자는 건
아닐 거 아냐.

루이즈
당연히 아니지. 그건 아니지만,
그런데 정말 화내면 안 돼,
어쨌든 나도 이제 돈을 좀
버니까. 그 집 세를 안 놓는
사치 정도는 부릴 수 있잖아.
안 그럼, 내가 아끼는 물건들을
다 처분해야 하는데. 여기로
갖고 오고 싶지는 않단 말이야.
이 집이 엉망이 될 거야.

레미
이 집에 공간은 충분해! 짐이나
보관하자고 아파트를 그대로
두는 건 정말 쓸모없는 사치고!

루이즈
꼭 그래서만은 아니야.
내 공간이 필요해서 그래.

레미
일할 공간?

루이즈
아마도. 그리고 또 자고 올 수도
있고. 얌전하게 내 침대에서
혼자…

레미
아, 그런 거였군!
눈치챘어야 했는데…

루이즈
아직 내 얘기 다 안 끝났어.
이를테면 어젯밤에 내가 거기서

잤으면, 당신이 나 때문에
깨는 일도 없었을 거 아냐…

레미
안 자고 있었대도.

루이즈
말을 이어가며
…이 얘길 하는 건 나보다는
당신을 위해서야.

레미
다시 화를 내며
그만해! 합리화하려는
수작 말라고. 당신이 날
사랑하지 않는다는데,
내가 뭘 어쩌겠어?

루이즈
레미에게 다가가며
당신을 사랑해! 알잖아.

레미
몰라! 난 당신에 대해 아무것도
모르겠어. 도무지 속을
알 수 없는 여자야. 늘 일을
저질러놓고 나서야 나한테
얘기하잖아.

루이즈
당신이 그렇게 나쁘게만 보지
않는다면 나도 당신에게 내 속을
털어놓을 수 있을 거야. 사람들
만나는 게 죄는 아니잖아!
난 내 친구들을 만날 권리가

있어. 당신에게도
당신 친구들이 있잖아!

레미
있지. 하지만 다 남자야.

루이즈
그래, 나도. 난 남자들만 만나지.
루이즈는 웃는다.
당신이 여자 친구들을
만나더라도 난 아무 말
않을 거야.

레미
난 그런 친구 없어.
관심도 없다고. 관심 있는
여자는 너 하나뿐이야.

루이즈
아까 카미유랑 내내 얘길
나눴잖아. 난 신경 쓰이지
않았다니까!

레미
아무 상관없어. 카미유는 자비에
때문에 가끔 봤던 거라고.
그리고 이제 헤어졌다는데, 뭐!

루이즈
카미유는 당신이 무척 맘에
드는 것 같더라. 당신이랑
데이트하고 싶대.

레미
그만해! 하나도 재미없으니까.

루이즈
알았어. 하지만 아파트 얘긴 진심이야. 들어봐. 당신은 토요일 아침 테니스를 치러 가느라 일찍 일어나잖아. 전날엔 일찍 자고. 그런데 난 금요일 저녁에 외출할 일이 많단 말이야. 그리고 다음 날 일찍 일어나지 않아도 되고. 당신은 내가 당신을 사랑한단 걸 믿지 않지. 하지만 완전히 틀렸어. 게다가 난 누군가를 깊이 사랑할 수 있으려면 가끔은 좀 떨어져 지내야 해.

레미
내가 당신을 사랑하는 것처럼 당신이 날 사랑한다면 우린 벌써 결혼했을 거야.

루이즈
그리고 이혼했겠지!
루이즈는 레미에게 다가가 그를 앉히고 자기는 그의 무릎 위에 앉는다.
어쨌든 당신이 꼭 알았으면 하는 게 있어. 당신은 내가 지금껏 가장 사랑한 사람이라는 거야. 다른 남자들과 왜 잘 안됐는지 난 알고 있어. 다들 얼마 지나지 않아 나와 결혼하길 원했기 때문이야. 그러니 당신이 내가 가끔 파리에서 자고 오는 걸 받아들인다면

그거야말로 우리의 사랑을 지키는 가장 좋은 방법이 될 거야. 그 뒤엔 두고 봐야지.

레미
그 뒤? 당신은 계속 그럴 게 뻔해. 그리고 어느 날 애인을 만들고는 그게 우리의 사랑을 지키는 방법이라 말하겠지. 나한테 통할 거란 생각은 마.

루이즈
무슨 소리야. 당신을 만난 뒤로 어떤 남자에게도 끌린 적 없어.

레미
하지만 그런 일은 생길 수 있잖아.

루이즈
이론적으론 그렇지.

레미
그래서?

루이즈
난 절대 그런 애인은 두지 않을 거야. 이렇게 하자. 계약을 맺는 거야. 혹시라도 내가 당신보다 더 사랑하는, 당신보다 더 끌리는 사람을 만나게 된다면, 당신에게 말하고 우리는 깔끔하게 헤어지는 거야.

레미
그게 무슨 계약이야?
나만 불리하잖아.
도대체 내가 얻는 건 뭔데?

루이즈
내가 다른 어떤 남자보다 당신을
사랑한다는 확신. 왜냐면
루이즈는 미소 짓는다.
아무리 노력해도 당신을 대신할
남자는 못 찾을 테니까.

레미
분명 찾게 될 거야.

루이즈
당신 매력에 자신 없는 거야?

레미
대체 불가능한 사람이란 없어.
찾으면 다 찾아지게 돼 있다고.

루이즈
그럼 당신은 찾아질까 봐
안 찾는 거야?

레미
잘못된 질문이야. 난 당신을
사랑해. 내게 그 이상은 없어.

루이즈
아냐. 당신도 찾을 수 있어.
더 나은 사람을. 이를테면
항상 당신과 함께하고 싶어
하는 사람. 만약 당신이 그런

여잘 찾으면, 그리고 사랑하게
된다면, 맹세컨대 난 깨끗이
물러날 거야. 하지만 가슴이
아프겠지. 정말 많이.

레미가 대답하려 하지만 루이즈가
입 맞추며 말을 막는다.

12월.
루이즈의 아파트, 저녁 7시.
아파트는 새롭게 단장을 마쳤다.
루이즈는 친구의 도움을 받아
공사를 끝낸다.

루이즈
얼마랬지?

친구
2000프랑으로 얘기했잖아.

루이즈
그랬지. 하지만 네가 시간을
더 썼잖아. 자! 500에… 2000…
여기 2500프랑.

친구
안 그래도 되는데…
그나저나 축하 파티 해야지.
우리 집으로 저녁 먹으러 와.

루이즈
오늘 저녁?
이미 약속이 있어.

친구
그럼 다른 날. 괜찮으면
남자친구랑 같이 와.

루이즈
그이를 초대할 필요는 없어.
외출하는 거 싫어하거든.

친구
그럼 네가 같이 오고 싶은
사람이랑 와…
근데 너 정말 이 아파트
세 안 놓을 거야?

루이즈
그럼. 얼마나 근사해졌는지
한번 보라고!

친구
나탈리 여동생한테 딱인데.

루이즈
알아. 아쉽긴 하지만…

친구
쌜쭉 웃으며
네 나름의 이유가 있겠지…

루이즈
따라 웃으며
네가 생각하는 그런 건
정말 아냐!

친구
나 아무 생각도 안 하거든!

루이즈
그러는 게 좋을 거야.
잘 가!

친구가 떠난다. 루이즈는 방을
꼼꼼히 둘러보며 몇몇 물건의 자리를
바꿔보고는 그 모습을 가만 바라본다.
루이즈는 옷장을 열고 작업복을
벗는다. 그때 전화가 울린다.
전화를 받는다.

루이즈
여보세요? 응, 안녕… 뭐라고?
…오늘 시간이 안 되면 미리
얘길 해줬어야지… 그래,
알겠어… 너도 몰랐겠지…
다음 주초에 사무실로 전화줘.
그래, 안녕.
전화를 끊은 루이즈는 다시 수화기를
들어 옥타브에게 전화를 건다.

루이즈
여보세요? 옥타브! 결국 나 오늘
저녁 시간이 돼… 글쎄, 지금
이 시간에 만날 사람을 갑자기
찾기는 쉽지 않지…
집으로 가라고? 절대 안 가!
차라리 죽는 게 나아! 그래,
알았어. 좋은 저녁 보내. 안녕!

루이즈는 전화를 끊고 외투 주머니
속에서 수첩을 꺼내 온다. 그러고는
다른 데다 전화를 건다.

루이즈

여보세요. 마르탱과 통화할 수
있을까요? …전 루이즈예요…
다음에 다시 전화하죠…

루이즈는 세 번째 전화를 시도한다.

루이즈

여보세요! 에티엔! 나야,
루이즈! …나라고 나.
날 잊었구나. 난 널 잊지
않았는데…!
다시 수첩을 넘겨보며
음, 지금 바쁘면 끊을게.
별일 아니야. 월요일에 사무실로
전화 줘… 안녕.

루이즈는 수화기를 내려놓고 잠시
생각에 잠기더니 수첩을 덮고 자리에서
일어난다. 책장에서 책을 골라
침대 위에 올려놓는다.

루이즈의 아파트, 아침 10시.
루이즈는 일어났다. 침대에서 커피를
마실 준비를 하는데 전화벨이 울린다.
전화를 받는다.

루이즈

아, 옥타브! …아니, 일어났어.
나 어젯밤에 결국 외출
안 했어. 그냥 집에 있었지.
정말 혼자 있고 싶었거든…
진짜야. 혼자이고 싶다던

내 말은 진심이었다고. 내가
뭘 했는지 알아? 침대에서
두 시간 넘게 책을 읽었어. 정말
좋았어! 이런 시간을 가져본 지
정말 오래됐거든…
오후엔 집으로 갈 거야…
아니, 점심은 친구랑 먹기로
했어. 스타니슬라스, 알지?
그러고 나서? 쇼핑하려고…

장자크루소 거리.
루이즈는 1920년대 제품을 전문으로
파는 가게 앞에서 발걸음을 멈춘다.
가게 안으로 들어간 루이즈는
다기(茶器)를 유심히 살펴본다.

열차.
루이즈는 잡지를 읽는다. 옆자리엔
좀 전에 들른 가게 이름이 적힌
쇼핑백이 놓여 있다.

마른라발레의 아파트.
루이즈가 들어온다. 레미는 차를
마시던 중이다.

루이즈
안녕!

레미
안녕.

ÉRIC ROHMER

34

두 사람은 입 맞춰 인사한다.

루이즈
잘 있었어?

레미
그럼. 당신은?

루이즈
반창고로 대충 감아 고쳐놓은
찻주전자를 바라보며
반창고로 오래 버티네!

레미
그러게. 그런데 새로 하나
사야 할까 봐.
차를 마시며
차가 식었네. 좀 마실래?

루이즈
아냐, 괜찮아.
레미는 루이즈가 들고 온 쇼핑백을
유심히 본다.
한번 열어봐! 당신 거야. 어서!

레미
바우하우스풍 디자인의
찻주전자를 발견하고는
와!

루이즈
여기 안쪽에 펠트 모직을
붙여둔 기발한 공정 덕분에 차는
절대 식지 않을 겁니다, 손님.
맘에 들어?

레미
정말 멋진데.
어떤 선물보다도 마음에 들어.
얼마를 주면 되겠어?

루이즈
무슨 소리야! 당신
선물이라니까.

레미는 루이즈를 품에 안고 입 맞춘다.

루이즈
아침에 테니스는 잘 쳤어?

레미
그럭저럭.

루이즈
잠은 잘 잤고?

레미
그럭저럭. 당신은?

루이즈
아주 잘 잤어. 당신이 들으면
정말 좋아할 것 같아서
말하면 안 될 것 같긴 한데,
그러니까 내가…

레미
차갑게 말을 자르며
그럼 말하지 마!

루이즈
사랑해. 당신이 생각하는 것보다
훨씬 더 많이!

1월.
생미셸 광장, 생미셸 카페.
루이즈와 옥타브가 카페 안쪽
자리에 앉아 있다.

옥타브
사람들은 날더러
사교적이라지만, 사실이 아냐.
사교적인 사람들은 늘 똑같은
소수의 무리 속에서만 지내지.
파리에 살면서 작은 시골
마을에 사는 것처럼. 난 말이야,
갈수록 몰개성적인 장소가
좋아. 이를테면 지금 이곳처럼
단골손님이 없는, 그래서
익명성에 묻힐 수 있는 카페들.
이런 곳에서 영감을 얻어.
넌 모를 거야. 다음 주에 글을
쓰러 여길 다시 와야겠어. 어떤
작가들은 글을 쓰려고 시골로
들어가잖아. 정말 이해가 안 가.
넌 시골에서 살 수 있겠어?

루이즈
아니. 사는 건 못 할 것 같아.
자연이 싫다는 건 아니야.
하지만 시골에 있으면 어쩐지
마음이 불안해져.

옥타브
아침이 특히 그렇지. 아침
햇살이 비추면서 들판의 안개가
서서히 걷히는 장면은 정말
섬뜩하다니까!

루이즈
한낮의 정적도. 들리는 건
말벌이 윙윙대는 소리뿐이지.

옥타브
그리고 저녁의 적막까지!
이곳은 날 불안하게 하지 않아.
공기는 나쁘지만 숨을 쉴 수
있지. 시골은 공기는 좋지만
숨이 막혀. 난 내가 '중심'에
있다는 느낌이 필요해. 도시의
중심 말야. 이 도시는 나라의
중심이고, 또 이 나라는 어떻게
보면 세계의 중심이라고 할 수
있지. 예전에 나 오를레앙에서
잠시 교사 일을 했었잖아.
그때 그곳에다 방을 하나
얻을 수도 있었거든. 하지만
난 고생스럽게도 매일 저녁
한 시간씩 기차를 타고 파리로
돌아오는 편을 택했지.
그렇게 돌아와서 뭘 했냐고?
보통은 그냥 집에 있었어.
책을 읽거나 라디오를 들었지.
기껏 힘들게 파리로 돌아와서
한 게 라디오 청취였다니까!
하지만 난 알고 있었어. 거리엔
사람들이 북적이고, 영화관과
레스토랑이 즐비하다는 걸.
또 매혹적인 여자들을 만날 수

있다는 것도. 북적이는 거리엔
수많은 가능성이 넘쳐흐르고
있었지. 바로 발밑에 말이야.
난 내려가기만 하면 되는 거고…
잠깐만! 적어두고 싶은 문장이
떠올랐어. 나쁘지 않은 것
같아… 우리가 하던 얘기와는
전혀 상관없지만 마음에 드네…
잠깐만 기다려줘.
옥타브는 수첩을 꺼낸다.

루이즈
자리에서 일어나며
천천히 해.
난 잠시 실례할게.

루이즈는 지하로 내려가 여자 화장실로
들어간다. 옥타브는 테이블에 앉아
뭔가를 써내려간다. 그러다 고개를
드는데 그의 시선이 어딘가에 머문다.
루이즈가 밖으로 나오기 위해
화장실 문을 여는 순간, 계단을 내려와
공중전화로 향하는 레미를 발견한다.
그녀는 재빠르게 다시 문을 닫고는
잠시 굳어 있다. 벽 너머에서 희미하게
동전이 떨어지는 소리가 들리고,
"여보세요!" 하는 목소리가 들리더니,
이내 누군가 계단을 내려오는 소리에
묻혀 들리지 않는다.
한 여자가 문을 열더니 루이즈가
막 들어온 건지 나가려는 건지
확실하지 않아 문가에서 주춤한다.
루이즈는 태연한 척하며 세면대로 가서

낮은 목소리로 "쓰시면 돼요."라고
말한다. 여자가 화장실 칸으로
들어가자 루이즈는 생각에 잠겨
세면대의 물이 흘러내려가는 것을
바라보다가 거울을 응시한다. 그녀는
다시 문가로 가서 레미가 전화를
끊는 소리를 듣는다. 잠시 기다리다가
조심스럽게 밖으로 나간다. 혹시 몰라
언제든 다시 내려갈 준비를 하며
조심스럽게 계단을 오른다. 그러나
카페의 홀에서도 카운터에서도
레미의 모습은 보이지 않는다.
옥타브는 여전히 뭔가를 쓰고 있다.
루이즈가 자리에 앉자 옥타브가
고개를 든다. 그는 수첩을 닫는다.

옥타브
왔네!

루이즈
하던 거 계속해.

옥타브
아냐. 문장을 완성했어.
이제 됐어. 그만 갈까?

루이즈
잠깐만.

옥타브가 어리둥절하며
루이즈 옆자리에 앉는다.

옥타브
무슨 일 있어?

루이즈
그게… 너 뭐 본 거 없어?

옥타브
보다니, 뭘?

루이즈
레미.

옥타브
레미가 여기 있어?

루이즈
나갔어. 그랬길 바라지.

옥타브
레미가 널 봤어?

루이즈
그런 것 같진 않아. 내가 문을
여는데 막 계단을 내려오더라고.
그래서 얼른 문을 닫았지.
전화를 하러 가더라. 난 통화가
끝날 때까지 기다렸고.

옥타브
레미가 확실해?

루이즈
그럼! 내가 꿈을 꾼 게
아니라면. 여기서 그이를
볼 줄은 상상도 못 했는데.

옥타브
루이즈의 어깨를 감싸며
너 떨고 있잖아!

루이즈
응. 너무 놀랐거든. 잘못한 건
하나도 없지만, 불편한 상황이
생기는 건 정말 싫단 말이야.
레미도 널 못 봤나 봐.
봤다면 내려오지 않았겠지.

옥타브
잠시 침묵하다
레미는 나를 못 봤어도…

루이즈
뭐?

옥타브
아무래도 너한테 말하는 게
낫겠어. 아까 글을 쓰다 잠깐
고개를 들었는데, 어떤 여자를
봤거든. 그 여자가 날 바라보고
있더라고. 그러고는 고개를
돌리더니 모퉁이 뒤로
사라지더라.

루이즈
그게 어떻다는 거야? 그래, 모든
여자가 널 쳐다보겠지, 옥타브.

옥타브
아무래도 어디서 본 여자 같아서
그래. 확실한 건 아니지만,
네 친구인 것 같았어. 저번에
파티에 왔던 아가씨 말이야.

루이즈
카미유?

옥타브
그럴지도. 어쨌든 어디선가
너랑 같이 있는 걸 본 적 있는
여자였어.

루이즈
카미유는 너도 잘 아는 애잖아!

옥타브
그래, 누군지 알지. 하지만
내 기억은 선택적이거든.
난 내가 관심 없는 사람들은
잘 못 알아봐.

루이즈
아무리 그래도 그 앤 쉽게
잊히는 얼굴이 아닌걸!

옥타브
너에겐 그럴지 몰라도,
나한텐 아냐. 그리고 머리에
이상한 걸 쓰고 있던데…

루이즈
토크?

옥타브
응.

루이즈
그렇담 걔가 맞는데.
카미유가 그이랑 있었다는 거네.
그건 불가능한 일인데!

옥타브
내 말 믿어. 불가능한 건 없어.

루이즈
아니, 그런 게 아니라!
두 달 전쯤 레미에게 농담 삼아
카미유랑 데이트 해보라고
말한 적이 있어. 왜냐면
카미유도 농담으로 나한테
레미랑 데이트하고 싶다고
했었거든. 내가 그냥 던진 말을
진지하게 받아들였다는 건가?
둘 다 말야?

옥타브
넌 매우 순종적인 애인과 지극히
충성스러운 친구를 둔 셈이지.
두 사람이 우릴 염탐하고
있었는지도 몰라.

루이즈
둘이서?

옥타브
두 사람은 우연히 만난 거야.

루이즈
그리고 우리를 우연히
마주친 거고? 우연이라기엔
지나치잖아!

옥타브
설명해볼 수 있을 것 같아.
하지만 공상에 가까워. 그래서
너한테 얘기하는 거야. 그럴듯한
설명이면 말하지 않을 거라고.
그게 널 불안하게 할 테니까.

아무리 생각해도 말이 안 되는 얘기긴 해.

루이즈
그래서 말하려는 게 뭔데?

옥타브
넌 두 사람이 너의 제안을 받아들였을 리 없다고 생각하잖아. 그건 말이 안 된다면서. 그렇지만 두 사람은 만났어. 네 말처럼 우연히 만난 건 아니고. 그렇담 뭐겠어? 그 둘은 전부터 만나기로 한 거야. 네가 제안을 하기 전부터 말이야. 무슨 말인지 알겠어? 넌 함정에 빠진 거라고. 이미 만나고 있던 두 사람은 네가 그들에게 서로 만나보라고 직접 얘길 꺼내게끔 수를 쓴 거야. 네 애인이 네가 시내에 방을 마련하게 그냥 둔 것도 놀랄 일이 아닌 거지!

루이즈
하지만…
둘이 서로 알고 지냈을 거란 걸 네가 어떻게 알아?

옥타브
나야 모르지. 말했잖아. 지어낸 이야기라고.

루이즈
음, 두 사람은 나보다 먼저 알고 지내던 사이긴 해.

옥타브
말도 안 돼! 내가 제대로 짚은 거야? 카미유가 레미 전 여자친구인가?

루이즈
아니, 전혀 아냐. 레미가 카미유를 알고 지낸 건 친구의 애인이었기 때문이야. 레미는 카미유라면 질색한다고.

옥타브
정말 그렇게 생각해?

루이즈
카미유가 그 남자랑 얼마 전에 헤어지긴 했지만…

옥타브
봐, 보라고!

루이즈
레미는 다른 사람들의 연애 문제에 엮이는 사람 아니야. 일 때문이라면 모를까.

옥타브
일 때문이라! 이런 사건에서 늘 등장하는 말이지!

루이즈
제발 그만해, 옥타브.

옥타브
왜 이렇게 흥분하고 그래.
그러니까 내가 정말 제대로
짚은 것 같잖아.

___

마른라발레의 아파트.
루이즈가 들어오자 레미가
인사하러 온다.

루이즈
잘 있었어?

레미
응, 안녕. 카미유한테
전화 왔었어.

루이즈
동요하며
그래?

레미
번호를 남겼어. 자기 집으로
전화 달라던데.
루이즈가 계단을 올라가려고 하자
전화부터 해!

루이즈
짐부터 좀 두고!

레미
카미유가 나갈까 봐 그러지.

루이즈
잠깐이면 돼!

루이즈가 위층의 침실로 들어가자마자
누군가 초인종을 누른다. 레미의
친구다. 그가 들어오고 두 사람이 막
대화를 시작하는데 전화벨 소리로
중단된다.

레미
전화받으며
여보세요!
응. 좀 전에 막 들어왔어…
루이즈! 카미유 전화야!

루이즈가 침실에서 나온다.

루이즈
뭐래?

레미
잠깐 들르겠대.

루이즈
위에서 받을게.

___

마른라발레의 아파트 건물.
카미유가 건물 계단을 오른다.

___

마른라발레의 아파트.
초인종이 울린다. 레미가 카미유에게
문을 열어준다. 두 사람은 입 맞춰
인사한다. 레미는 카미유에게 자신의
친구를 소개한다. 루이즈가 내려온다.
카미유가 루이즈에게 책 꾸러미를

건네자 루이즈가 받아 는다.

카미유
너한테 줄 카탈로그를 좀
챙겨왔어. 관심 있어 할 것
같아서.

루이즈
넘겨보며
정말 멋지다!
이런 걸 어디서 구했어?

카미유
밀라노에서. 이탈리아에
다녀왔거든. 몰랐어?

루이즈
응. 내가 무슨 수로 알겠어?

그때 카미유가 증인이라도 세우듯
레미를 힐끗 쳐다보지만,
레미는 조금 떨어져 있던 친구에게
몸을 돌리고는 두 사람이 얘기를
나누게 둔다.

카미유
책상 위에 놓인 전등을 가리키며
저게 네가 만드는 거야?

루이즈
응. 요즘은 많이 못 했어.
파리 집을 손보는 데 시간이
많이 들었거든. 이건 새로
나온 튜브형 전구로 만든
전등인데, 정말 굉장해. 그리고

이렇게 거울을 이용해서 빛을
반사하는 거야…

카미유
그러네.

루이즈
부품을 집으며
그리고 이건 전등의 끝부분을
색칠한 거야. 받침이지.
이렇게 도색 작업을 직접 해.

카미유
아주 예쁜데!

루이즈
위층에 있는 완성품을
보여주는 게 낫겠다. 같이 가자.

두 사람은 계단을 올라 침실로 간다.

루이즈
전등 하나를 켜면서
바로 이거야!

카미유
정말 예뻐.

루이즈
새로 나온 이 튜브형 전구는
많이 뜨거워지지도 않아.

카미유
그러네. 이거 괜찮은데!

루이즈
만들면서 나도 재밌었어.

루이즈는 전등을 끈다.

카미유
조만간 나랑 같이 꼭
이탈리아에 같이 가자.

루이즈
그래, 언젠가. 시간이 나면.

카미유
난 거기에 아는 사람이
정말 많거든… 참, 나 새 애인이
생겼어. 그 사람이랑 같이
다녀온 거야.

루이즈
그래? 잘됐다.

카미유
응, 나도 정말 좋아.
그 사람이 정말 맘에 들거든.
이탈리아 회사랑 일을 해.
우린 정말 좋은 사람들을 많이
만났어. 그이는 이탈리아에
자주 출장을 가는데, 이번엔
내가 같이 간 거였고.

루이즈
언제 돌아왔는데?

카미유
어제.

루이즈
비행기로?

카미유
응.

루이즈
태연한 척하며
정확히 몇 시 도착
비행기였는데?

카미유
10시 도착. 원래 9시 반
도착이었는데 좀 연착됐어.
근데 그건 왜 물어보는 거야?

루이즈
그냥. 별다른 이유는 없어.

카미유는 어리둥절해하며 루이즈를
바라본다. 루이즈는 아무렇지 않은 척
희미하게 미소 짓는다.

카미유
뭘 알고 싶은 거야?
운항 스케줄표가 필요해?
나한테 한 장 더 있어.

루이즈
아냐, 괜찮아.
나도 구할 수 있어.

카미유
몰래 여행이라도 다녀오려고?

루이즈
아니, 그런 거 아니야.
그냥 알고 싶어서.

카미유
너 좀 이상하다!

루이즈
아니래도!
둘은 다시 서로를 뚫어지게 바라본다.
아, 그래. 그냥 말할게.
어젯밤에 누가 널 봤다길래.

카미유
공항에서?

루이즈
아니. 생미셸 광장에서.
10시쯤에.

카미유
생미셸 광장은 가지도 않았는데.
누가 그런 얘길 해?

루이즈
친구가.

카미유
그런데 왜 나한테 그냥 바로
물어보지 않은 거야?

루이즈
미안. 내가 우스워질까 봐
두려웠어. 그냥 단순히
어리석은 호기심이었어.

카미유
네 친구가 틀렸네.
누구야?

루이즈
옥타브.

카미유
걔가 너한테 뭐랬길래?

루이즈
그냥 널 봤다고.

카미유
그래서 뭐 어떻다고?

루이즈
글쎄. 아무것도 아니야.

카미유
그래. 걔라면 그럴 만하지!
마주칠 때마다 으스대면서 날
못 본 체하는데, 거기 있지도
않은 날 봤다니. 내가 자길
못 본 체했다고 말했겠지.

루이즈
아냐, 전혀. 그냥 "있잖아, 나
네 친구를 봤어."가 다였어.

카미유
그것참 재밌네.

루이즈
게다가 네가 맞는지 확실하지
않다고 했어.

카미유
점입가경이네. 야, 걘 날 잘
알아. 도대체 그게 무슨 소리야?

루이즈
하지만 네가… 그러니까
그 여자가 네가 쓰고 다니는
모피 토크를 쓰고 있었다더라고.

카미유
그래? 근데 그 여자가
뭘 하고 있었는데?

루이즈
그냥 있었대.

카미유
어쨌든 난 아냐. 그리고
그런 모자가 얼마나 흔한데.
옥타브 걘 정말 애가 이상해.
아주 형사가 따로 없다니까!

―――――――――――

RER 오베르 역, 간이식당.
옥타브는 이미 와 있다. 루이즈가
도착하고 두 사람은 인사를 나눈다.

옥타브
안녕. 자, 그래서?

루이즈
카미유가 아니었어.
걔는 그날 이탈리아에서
돌아왔는데, 밤 10시 비행기로
도착했다잖아.

옥타브
누가 그래?

루이즈
직접 들었어. 토요일에
우리 집에 잠깐 들렀거든.
내 선물도 가져왔더라.

옥타브
이탈리아에서?

루이즈
응. 카탈로그.

옥타브
그 여행 얘기 지어내지 않은 거
확실해?

루이즈
걔가 뭐 하러 그러겠어.

옥타브
내가 설명했잖아.
내가 쓴 '소설', 그 이야기
말이야.

루이즈
아니라고. 네 소설은 틀렸어.
카미유는 애인과 여행을
다녀온 거야. 그리고 이제
그 남자랑 같이 산대.

옥타브
확실해?

루이즈
그럼. 사람들도 다 알던데.
좀 앉을까?

옥타브
뭐 마실래?

루이즈
아니.

두 사람은 자리에 앉는다.

옥타브
그래서 넌 한시름 놓았구나.

루이즈
난 하나도 걱정 안 했어.
그리고 너야말로, 어떤 여자를
봤다는 그 얘기, 순전히 날
속이려고 지어낸 거 아니야?

옥타브
아무것도 지어내지 않았어.
정말 '그' 여자를 봤다니까.
'어떤' 여자를 봤지.

루이즈
그래. 하지만 그게 카미유가
아닌 건 확실히 알았을 거 아냐.

옥타브
아니야. 난 정말 사람 얼굴을
잘 기억 못 한댔잖아. 도무지
떠오르지 않는 얼굴들이
있지. 그리고 난 너에게 내가
본 여자가 카미유였다고
말한 적 없어. 그저 그 여자가
날 바라보고 있었고, 그 시선은
어디선가 본 적 있는 것 같다고

했지… 하지만 고백하자면,
어떤 여자가 날 쳐다볼 때마다
난 데자뷔를 느껴. 아마도
남자를 바라보는 여자의 모든
시선에는 영원한 여성성이 숨어
있기 때문이겠지. 그건 모든
개성을 희미하게 만드니까.
그러니 알아볼 수 있는 건 '어떤'
여자가 아니라 '그' 여자인
셈이지… 게다가 그때 난 글을
쓰고 있었잖아. 글을 쓸 땐
세상을 재구성하려고 들지.
종이 위에서만이 아니라 자기
주변을 두고도.

루이즈
어쨌든 넌 소설을 쓴 거잖아.
완전히 꾸며낸 거지.

옥타브
그렇게 믿어야 네 속이
편하다면, 그래, 맞아. 하지만
내가 그 여자를 봤다니까…
어떤 여자를 본 건 사실이야.
내가 널 속인 거라면 그건 내
의지와 전혀 상관없는 일이었어.
하지만 넌 그걸 믿었지.

루이즈
그렇지 않아!

옥타브
아니, 넌 내 말을 믿었어.
어렴풋하게 본 네 애인과

환영일지도 모르는 어떤 여자만
가지고도 넌 몹시 동요했지.

루이즈

아니라고. 네가 완전히 틀렸어.
그 여자가 카미유였다면 잘된
일이었겠지. 하지만 아닌 게
명백히 밝혀졌잖아. 그럼
아쉽지만 어쩔 수 없는 거고!

옥타브

그럼 레미는? 어쨌든 네가
레미를 본 건 맞잖아?

루이즈

그래. 내가 착각한 게 아니라면.
그렇다 해도, 레미에게는
마땅히 파리에 올 권리가 있어.
나에게도 마땅히 그럴 권리가
있듯이.

옥타브

올 거란 말도 없이 말이지.

루이즈

그래, 올 거란 말도 없이.
난 그이에게 아무것도
묻지 않을 거라고.

옥타브

그럼 넌 절대 알 수 없겠네.

루이즈

난 절대 알 수 없겠지.
그게 뭐가 중요해? 레미가

날 배려해서 내가 파리에
있을 때 뭘 하는지 묻지
않는다면 나 역시 마찬가지야.
어쨌거나 맞건 틀리건
파리에서는 내가 그이보다
즐겁게 지낼 거야. 파리에
방을 둔 내 선택이 점점 더
만족스러워. 지금 우리 둘
사이엔 아무 문제 없다고.

2월.

파티가 열리는 아파트, 밤 11시.
루이즈와 바스티앵은 완벽한
교감 속에 춤을 춘다. 잠시 후 두
사람은 손을 잡고 아파트를 가로질러
주방으로 간다. 그곳에서 바스티앵과
루이즈는 서로의 몸을 어루만지다
키스를 나눈다. 사람들이 들어오자
루이즈는 바스티앵을 가볍게 밀쳐낸다.
바스티앵은 루이즈의 손을 잡고
사람들이 모여 있는 곳으로 데려간다.
루이즈는 그곳에 와 있는 옥타브를
발견한다. 옥타브는 몇 걸음 떨어진
데서 가만 서서 그녀를 지켜보고
있다. 루이즈는 바스티앵의 손을 놓고
옥타브에게로 가 인사를 나눈다.
그동안 바스티앵은 그들과 조금 떨어져
신중하게 기다린다.

루이즈

어머, 언제 왔어?

옥타브
좀 전에 막. 원래 올 생각
없었는데, 잠깐 들렀어…
레미는 안 왔어?

루이즈
응.

옥타브
오늘 목요일이잖아.
'너의' 날이 아닌데.

루이즈
그래서 뭐? 어쨌든 이따가
막차 타고 집으로 갈 거야.

옥타브
루이즈의 손을 잡아끌며
잠깐 이리 와봐.

옥타브는 루이즈를 한쪽으로 데려간다.

루이즈
왜 그래?

옥타브
바스티앵을 가리키며
저 자식 누구야?

루이즈
글쎄… 몰라.

옥타브
같이 왔어?

루이즈
아니. 여기서 만났어.

춤을 정말 잘 추더라.

옥타브
아가트가 감기 기운이 있어서
난 바로 집에 가봐야 해.
내일 볼 수 있어?

루이즈
아마도.

옥타브
아마도라니?
시간이 있다는 거야,
없다는 거야?

루이즈
너는?

옥타브
난 시간 돼.

루이즈
아깐 확실하지 않다며.

옥타브
이제 확실해.

루이즈
난 이제 아니야.

옥타브
왜?

루이즈
왜냐면… 아직 잘 모르니까.
봐야 알 것 같아. 내일 전화할게.
늦은 오후에.

옥타브
나한테 뭔가 숨기고 있구나!

루이즈
도대체 내가 뭘 숨긴다는 거야?
잘 모르겠다고… 왜냐면…
오늘 이렇게 외출을 했으니
그럼 아마 레미가…

옥타브
그럼 일이 그렇게 되게 하지 마!
오늘 집에 일찍 들어가.
그럼 레미 기분이 좋을 거야.

루이즈
안 그래도 그럴 거야.

옥타브
지하철역까지 데려다줄게.

루이즈
고맙지만 괜찮아. 그런다고
내게 별 도움이 되는 것도
아니고, 너만 늦을 거야.
아내가 기다리잖아.

옥타브
그래…
그럼 내일 확실히 보는 거지?

루이즈
7시쯤 전화할게.

루이즈는 옥타브에게 인사한다.
옥타브가 나가자 루이즈는
바스티앙에게로 간다.

루이즈
미안. 좀 할 얘기가 있어서.

바스티앙
이제 춤출까?

루이즈
아니. 난 가봐야 할 것 같아.

바스티앙
벌써? 아직 초저녁인데.

루이즈
늦었어…
남자친구랑 같이 살거든.

바스티앙
아까 그 남자?

루이즈
아니, 걘 그냥 친구야. 다른
남자. 오늘 여긴 안 왔어. 그이가
기다려. 내가 거기까지 가려면…

바스티앙
루이즈의 손을 잡으며
거기가 어딘데?

루이즈
멀어. 교외야.

바스티앙
어떻게 가려고?

루이즈
막차를 탈 거야.
놓치면 큰일 나.

바스티앵
차를 갖고 온 친구가 있어.
우리가 이따 태워다줄게.

루이즈
별 도움이 되진 않을 거야.
내일은 뭐 해?

바스티앵
내일은 약속이 있어. 그 뒤엔
투어를 떠나. 밴드에서 색소폰을
연주하거든. 그러니까 애인에게
전화하고 오늘 여기 좀 더 있어!

루이즈
내일은 그럴 수 있어.
네가 원하는 만큼 늦게까지.

바스티앵
잠시 생각한 뒤에
내일은 밴드 연습이 있어.
언제 끝날지 몰라.

루이즈
기다릴게. 밤 12시까지.
더 늦게라도 괜찮아.

바스티앵
그 전에는 끝날 거야!
내일 전화해도 돼?

루이즈
언제?

바스티앵
저녁에. 한 7시쯤.

루이즈
응, 좋아. 이리 와.
내 전화번호 줄게.

루이즈의 아파트, 저녁 7시.
전화벨이 울린다.
루이즈가 전화를 받는다.

루이즈
여보세요?

바스티앵의 목소리
여보세요! 루이즈랑
통화할 수 있을까요?

루이즈
안녕, 바스티앵.
나야, 루이즈.

바스티앵의 목소리
한 시간만 더 하면
끝날 것 같아.

루이즈
정말? 그럼 어디서 볼까?

바스티앵의 목소리
9시에 생미셸 카페에서 보자.
괜찮아?

루이즈
좋아. 좀 이따 봐!

바스티앵의 목소리
안녕. 이따 봐!

루이즈는 전화를 끊고 옥타브에게
전화를 건다.

자동응답기
안녕하세요.
옥타브와 아가트의 집입니다.
우리는 지금 외출 중입니다.
이름과 번호를 남겨주시면
나중에 전화드리겠습니다.

루이즈
안녕, 옥타브. 나 루이즈야.
오늘 저녁엔 내가 좀 어렵겠어.
내일 아침 느지막이 전화할게.
안녕.

루이즈는 외출 준비를 시작한다.
다시 전화벨이 울린다. 루이즈는 잠시
망설이다가 전화를 받는다.

루이즈
여보세요?

옥타브의 목소리
루이즈?
집에 있었구나. 잘됐다!
다행이야! 지금 시간 돼?

루이즈
아니, 약속이 생겼어.

옥타브의 목소리
뭐라고?

루이즈
얘기했잖아.

옥타브의 목소리
레미 때문이야? 어젯밤에 너
결국 늦게 들어간 거야?

루이즈
나중에 얘기해줄게.

옥타브의 목소리
지금 마른라발레로
가겠다는 거야?

루이즈
내일 전화하겠다고.
나중에 설명할게.

옥타브의 목소리
나 지금 너희 집 맞은편 카페에
있어. 잠깐 들러도 될까?

루이즈
안 돼. 나 지금 바빠.

옥타브의 목소리
잠깐이면 돼. 혹시 지금 집에
누가 있는 게 아니라면…
너 혼자 있지?

루이즈
당연하지. 여기 있긴 누가 있어?

옥타브의 목소리
그럼 지금 갈게. 잠깐 인사만
하고 바로 나올 거야.

루이즈
나 지금 바쁘다니까!

옥타브는 전화를 끊어버린다.
루이즈는 욕실로 들어간다.

루이즈의 아파트 건물.
옥타브가 건물 입구로 들어온다.

루이즈의 아파트.
옥타브가 벨을 누른다.
루이즈가 문을 연다.

루이즈
미쳤어? 뭐 하는 짓이야?

옥타브
그냥. 잠깐 네 얼굴 보고
인사하고 싶었다니까.
루이즈에게 입 맞춰 인사한다.
나 때문에 싸움이 날 수도
있다면 널 늦게 만들 생각 없어.
여기로 널 데리러 오기로 했어?

루이즈
아니… 그게… 저기, 나 지금
정말 바쁘거든. 그러니 지금
당장 떠나주면 고맙겠어.

옥타브
문 쪽으로 향하며
집으로 가는 거야?

루이즈는 대답하지 않고
옷장으로 향한다.

옥타브
문의 손잡이를 쥐며
넌 지금 실수하는 거야.
레미와의 관계를 그렇게
저버려선 안 된다고.
루이즈는 외출복을 고른다.
같이 외출하기로 했어?

루이즈
그래.

옥타브
어디로?

루이즈
파티 갈 거야.

옥타브
진짜야?

루이즈
아니. 그런데 나 정말 시간 없어.
제발 지금 당장 나가줘.
옥타브에게 다가가며
알겠어? 나가라고!

옥타브
누구랑? 내가 아는 남자야?

루이즈
계속 이렇게 굴면
너 다신 안 볼 거야!

옥타브
누구 만나는데?

루이즈
그만해!

옥타브
누구랑?

루이즈
아, 정말 돌겠다.
심문 다 끝났어?
지긋지긋하다고! 알겠어?

옥타브
누구야?

루이즈
나한테 이러는 남자는 한 명으로
족해! 당장 여기서 나가.
안 그럼 다신 널 안 볼 테니까!
아, 너까지 이러다니 말도 안 돼!
정말 지겹다고. 너를 친구로
생각했는데. 날 좀 가만히 놔둬.
너 때문에 늦겠어!
루이즈는 울음을 터뜨린다.
옥타브는 루이즈를 품에 안으려 한다.
루이즈는 그를 밀쳐내다가
이내 그대로 둔다. 옥타브는 루이즈가
진정할 때까지 기다렸다가
다시 캐묻기 시작한다.

옥타브
어젯밤에 본 그 남자가
확실해.

루이즈
아니야!

옥타브
맞을걸. 그 남자밖에 없어.
왜 나한테 사실대로 말하지
않는 거야? 그 녀석이 창피해?

루이즈
창피한 거 없어. 네가 그를 맘에
안 들어 하니까. 그게 다야.

옥타브
정말이지 난 네가 이해가 안 돼.
레미랑 아주 잘 지낸다며.

루이즈
그럼, 아주 잘 지내지.
그래서 내가 유혹에 쉽게
넘어가는 거야.

옥타브
그게 무슨 소리야?

루이즈
내가 더 이상 레미를
사랑하지 않는다면 난 무방비
상태일 거고, 그럼 처음 만나는
남자에게 그렇게 쉽게 빠지지
않을 거라고.

옥타브
너 그 녀석에게 빠졌다는
거구나!

루이즈
그 표현은 좀 지나치네.
그냥 그 남자한테 끌렸다고

하자. 그리고 끌리는 사람을
만난다는 건 정말 흔치 않은
일이야.

옥타브
어떻게 끌리는데?

루이즈
그냥 끌려. 그건 분명해.

옥타브
어느 정도로?

루이즈
정 알고 싶다면, 그래, 끝까지
가보고 싶을 정도로 끌려.
하지만 그렇다고 해서 꼭 끝까지
가겠다는 건 아냐.
넌 날 이해해야지. 너도
여자들한테 똑같이 하잖아.

옥타브
난 아무 여자에게나
그러지 않아.

루이즈
나도 아무 남자에게나
그러지 않는다고.

옥타브
바로 그게 심각한 문제야.
네 취향은 너무 확고해. 늘
똑같은 타입의 남자만 만나지.
남자를 유혹하고 싶은 마음은
이해해. 그러고 싶다면, 그래,

바람피워. 하지만 레미보다
못한 놈이랑 그러지는 말라는
거야. 나는 왜 안 돼?

루이즈
그만해! 또 그 얘기!
대체 너 왜 그러는 건데?

옥타브
난 지금 완벽히 말이 되는 얘길
하는 거라고. 우리 둘이 훨씬 더
잘될 수 있을 거라니까.

루이즈
지금도 우린 충분히 잘 지내고
있어. 도대체 뭘 더 바라는 거야?

옥타브
그렇지 않아! 난 증명하고
싶어. 그래야 내가 지금 이 순간
느끼는 병적인 질투심에서
벗어날 수 있을 것 같아. 네가
나에게는 거부하는 걸 다른
남자들에게는 허락한다는
사실을 참을 수가 없단 말이야.
내가 너랑 잤다면 오늘의
상황을 견디기 훨씬 쉬웠을
거야. 너의 어떤 부분을 난 절대
가질 수 없는 사실을 도저히
받아들일 수가 없어.

루이즈
하지만 넌 나머지를 가졌잖아.
그게 훨씬 중요한 거라고.

네가 말하는 건 아주 작은
부분에 불과해.

옥타브

아냐. 아주 큰 부분이지.
육체적 사랑은 관계를 완전히
얽매는 거라고.

루이즈

그래. 하지만 난 너에게 다른
방식으로 얽매여 있어. 그게
낫지. 혼동해선 안 되는 거야.

옥타브가 루이즈를 어루만지며
목덜미에 키스한다. 루이즈는 그런
옥타브를 잠시 그대로 두다가 몸을
빼려고 한다. 옥타브가 루이즈를
붙잡는다.

옥타브

내가 이렇게 만지는 거
좋아하잖아. 인정해.

루이즈

친구로서 그러는 건 좋아하지.

옥타브

다정한 친구로서겠지.
내가 잘난 척하는 것 같겠지만,
넌 날 좋아하는 게 확실해.

루이즈

그럼 당연하지.

옥타브

육체적으로?

루이즈

어떤 면에서는. 난 못생긴
남자는 싫거든.

옥타브

난 잘생겼어?

루이즈

어떤 면에서는. 하지만 너에게
끌리지는 않아. 너도 알잖아.
그리고 우리의 우정을 위해서는
이게 나아.

옥타브는 루이즈의 눈을 바라본다.
루이즈는 피하지 않고 그의 시선을
마주한다. 그러다 갑자기 옥타브가
몸을 숙여 기습적으로 루이즈의 입술에
키스한다. 루이즈는 옥타브의
뺨을 때린다.

옥타브

아야!

루이즈

너 다시는 이런 짓 하지 마!

옥타브

아프잖아!

루이즈

진정하고 옥타브의 팔을 잡으며
미안해. 괜찮아? 근데
정말로 다시는 그러지 마.
우리의 우정이야말로 내가
세상에서 가장 소중히 여기는

거란 말이야. 정말로. 가장
귀하게 생각하는 거지. 지금
내 인생에서 유일하게 견고한
거라고. 그걸 망치고 싶은 건
아니겠지?

루이즈는 옥타브의 뺨에 키스하고는
그를 다시 문 쪽으로 데려간다.

거리 등등.
파리 하늘에 보름달이 빛난다.
바스티앵은 루이즈를 오토바이에
태우고 달린다. 배경으로 엘리와
자크노의 노래가 흘러나오고,
두 사람은 중식당에 갔다가, 클럽에서
시간을 보낸다. 그리고 마지막으로
루이즈의 아파트로 향한다.

루이즈의 아파트, 새벽 4시.
달빛이 방 안을 비춘다. 잠들어 있는
바스티앵과 달리 루이즈는 깨어 있다.
루이즈는 시계를 본다. 그러더니
일어나 짐을 챙겨서 옷을 입고는
문을 살짝 닫고 밖으로 나간다.

거리.
루이즈는 건물 밖으로 나온다.
한 카페가 열려 있다.
루이즈는 안으로 들어간다.

카페.
카페 안으로 들어 온 루이즈는
카운터에서 커피 한 잔과 물 한 병을
주문하고는 테이블로 가서 앉는다.
옆 테이블에는 30대 남자가 그림을
그리고 있다. 루이즈는 호기심 어린
눈길을 보낸다. 남자가 자신의 그림을
보여준다.

화가
어떤 게 더 마음에 드세요?

루이즈
잠시 말이 없다가
어디에 쓸 그림인데요?

화가
어린이책이요. 난 어린이들이
자는 동안 그림을 그려요.
아이들의 꿈이 나에게 영감을
주는 셈이죠.

루이즈
이렇게 카페에서요?

화가
아니요. 오늘은 예외적인 날이고
보통은 남들처럼 낮에 일하죠.
그쪽은 아닌가 봐요?

루이즈
저도 마찬가지예요.
전 인테리어 디자인을 하죠.

화가
아르데코 나왔어요?

루이즈
거기 출신이죠.

화가
나도 거길 다녔죠. 오래전에요.
그럼 지금은요?

루이즈
인테리어 사무실에서
실습 중이에요.

화가
이렇게 아침 일찍부터 일해요?

루이즈
아니죠. 게다가 오늘은
토요일이잖아요.

화가
아, 그럼 잠을 안 잔 거군요?

루이즈
뭐… 그런 셈이에요.

화가
잘하신 거예요…
왜냐면 어젯밤엔 아무도
자지 못했거든요.

루이즈
아무도라뇨?

화가
침대에 들었던 사람들까지

모두 다요.

루이즈
죄송하지만, 도대체 어떻게 알고
그런 말씀을 하시는 거죠?

화가
보름달이 떴잖아요.

루이즈
보름달이요?

화가
정말 모르셨어요?

루이즈
솔직히 전 보름달이 언제 뜨는지
관심 가져본 적도 없어요.

화가
파리지앵들이란!
오늘이 바로 만월의 밤이에요.
그리고 이 보름달이 우리를
잠들지 못하게 하죠.
당신과 저를 봐요.

루이즈
글쎄요. 어쨌든 저에겐
그럴 만한 이유가 있었어요.

화가
보름달도 한몫했을 거예요.

루이즈
아니요. 전 못 믿겠어요. 당신은
정말 그걸 믿는 건가요?

화가

제겐 일종의 암시 같은 거예요.
이제는 반사적 행동이 됐죠.
내가 혼자 살았더라면 그냥 집에
있었을 거예요. 하지만 정말
좁은 아파트에 살고 있어서
내가 조금만 소리를 내도
아내가 깰 거라서요. 내 아내는
안 믿는다면서도, 사실
그녀에게도 자기암시가 은밀히
작용하는지 이런 만월의 밤에는
잠을 거의 못 이루거든요.
그래서 전 이렇게 이 카페
저 카페를 전전하는 중이고요.
이 근처에 사세요?

루이즈

아뇨. 맞아요… 그러니까
집이 두 군데라서요.

화가

좋으시겠어요!

루이즈

그렇지 않아요. 동시에
두 집에서 산다는 건 아주
어려운 일이에요. 한쪽 집에
있으면 다른 쪽 집으로 가고
싶어지죠. 지금까지는 그게
한 방향이었어요. 하지만 이제
그 방향이 뒤집혔어요.

화가

혼자 사세요?

루이즈

아니요.
남자친구가 있어요.

화가

한 집에 한 명씩?

루이즈

아니요. 그러고 보니
어젯밤엔 각 집에 한 명씩
있었네요. 이제는 어디로
가야 할지 잘 모르겠어요.

화가

동전을 던져서 결정해요!

루이즈

아니요. 전 결정을 내렸어요.
한 집에서는 한 사람하고만
살 수 있어요. 그리고 다른
한 집에서는 혼자서만 살 수
있고요. 어젯밤에 그곳에
누군가를 데려와봤는데,
숨이 막히는 것만 같았죠.
한밤중에 뛰쳐나올 수밖에
없었어요. 쉽게 설명하자면 제게
폐소공포증이 있다고 해두죠.
교외에 있는 집에서 전 마치
감옥에 갇힌 것만 같았어요.
유배된 사람처럼요. 그래서
파리에 거처를 마련했죠.
여기에서 전 정말 좋았어요.
세상의 중심에 있는 느낌이었죠.
하지만 어젯밤 그 관계가

뒤집혔어요. 이제는 이곳이
유배지고, 교외의 집이 중심이
된 거예요.

화가

제가 제대로 이해한 게 맞다면,
당신의 두 집에는 남자들이
있다는 거죠. 그렇다면
그 남자들도 나름 할 말이 있지
않겠어요?

루이즈

그야 당연하죠. 전 도식화해서
말한 거예요. 물론 다르게
설명할 수도 있죠. 말하자면
전 지금 소유욕이 매우
강한 남자와 살고 있어요.
그리고 전 그에게서 약간의
자유를 쟁취해냈죠. 처음엔
쉽지 않았어요. 그의 반대가
심했거든요. 하지만 조금씩 절
이해해줬어요. 기대 이상으로요.
그게 절 감동시켰죠. 그러면서
갈수록 나 자신보다는 그 사람을
더 생각하게 됐어요. 그의
외로움에 크나큰 연민을
느껴요. 하지만 동정하고 싶진
않았어요. 연민으로 그 사람을
사랑하긴 싫었거든요. 이런
마음을 억누르려고 그이를 두고
다른 남자를 만나 잠시 바람을
피웠어요. 그러다 어젯밤 갑자기
정신이 들면서 너무나 그의 곁에

있고 싶어진 거예요. 그래서
밖으로 나와 지금 이 자리에
앉아 있게 됐죠. 첫차를
기다리고 있어요. 그이가 막
깰 시간에 도착할 거예요.
절 보면 깜짝 놀라겠죠.

마른라발레의 거리.
루이즈는 집으로 향한다.

마른라발레의 아파트, 아침 7시.
루이즈가 조심스럽게 문을 열고
들어간다. 아침 햇살이 아래층
거실을 밝히고 있다. 위층 침실의
문이 열려 있다. 루이즈는 위층으로
올라가본다. 침실에는 아무도 없다.
침대는 잠을 잔 흔적 없이 말끔하다.
루이즈는 다시 아래층으로 내려와
멍하니 서 있다.

마른라발레의 아파트 건물,
아침 10시.
레미가 주차한다.

마른라발레의 아파트.
루이즈는 소파에서 눈을 붙이고 있다.
레미가 그녀를 깨운다.
루이즈는 일어나 기지개를 켠다.

루이즈
손목시계를 보며
지금 몇 시야?
벌써 10시나 된 거야?

레미
벌써라니?
레미는 루이즈를 지켜보다 그녀가
더 말이 없자 다시 말을 건넨다.
온 지 오래됐어?

루이즈
글쎄, 두 시간 정도 됐나.

레미
잠시 침묵하다가
할 얘기가 있어.

루이즈
아무 말 안 해도 돼.
그럴 필요 없어. 우리 서로
아무 말 않기로 했잖아.
당신도 여기 없었고, 나도 여기
없었던 것뿐이야. 지금은
나도 여기 있고, 당신도 여기
있잖아. 그럼 된 거지.

레미
그래. 하지만 당신이
알아야 할 게 있어.
나 여자랑 같이 있었어.

루이즈
음.

레미
당신이 아는 사람이야.

루이즈
카미유?

레미
아니! 카미유라니 무슨 소리야!
그 애 친구, 마리안.

루이즈
그 둘은 서로 안 닮았는데!

레미
왜 둘이 닮아야 하는데?

루이즈
네가 카미유랑 있는 걸
누가 봤다길래.

레미
누가 그래? 옥타브겠지.
아, 알겠다. 카미유가
마리안에게 자기 모피
토크를 빌려줬었거든. 아마
그래서였겠지.

루이즈
그래. 그럼 이제 우리 비긴 걸로
하자. 나도 지난밤에 다른
남자랑 있었어. 처음이었어.
아무 의미 없는 남자였고…

레미
마리안은 아무 의미 없는 여자가
아니야. 내가 사랑하는 여자야.

루이즈

사랑한다고? 정말 그 여잘
사랑해? 나보다 더?
레미는 대답하지 않는다. 루이즈는
얼굴을 옆으로 돌리며 멀어진다.
그래?

레미

루이즈, 내 말 좀 들어봐.
정말 뜻밖에 벌어진 일이라고.
두 달 전만 해도 난 그런
일은 완전히 불가능하다고
장담했었지. 하지만 당신
말이 맞았어. 당신은 내가
당신보다 더 마음에 드는
여자를 만날 수 있을 거랬잖아.
마리안이 더 마음에 든다는 건
아냐. 좀 다른 거야. 우리 둘은
처음 만난 순간부터 너무나 잘
맞았어. 내가 그녀를 사랑하는
것과 똑같이 그녀도 날 사랑해.

루이즈

나도 당신을 사랑했어! 당신이
날 사랑하는 만큼. 아니,
당신보다 더! 이것 보라고,
당신은 날 대신할 다른 사람을
찾았지만, 난 아니잖아!

레미

당신은 금방 찾을 수 있을 거야.
난 걱정 안 해. 우린 서로를
불행하게 만들었지. 이렇게

일을 다 벌이고 나서야 너에게
얘기한 건 미안해. 하지만
너에게 말하기 전에 확신이
필요했어. 그리고 이제 난 같이
살고 싶은 여자를 찾았다는
확신이 들어.

루이즈

그래. 그럼 그렇게 살아.
그러자고! 오늘 테니스 갈 거야?

레미

오늘은 안 가.

루이즈

하고 싶은 거 해.
난 파리로 돌아갈래.

레미가 루이즈를 붙잡아 품에 안는다.

레미

루이즈! 잠깐만! 기다리라고!
이렇게 갑작스레 얘기를 꺼내서
미안해. 입을 떼기 어려운
일들이 있잖아… 들어봐.
난 결정을 내렸어. 결정을
내려야 했으니까. 그리고
아주 고통스러운 결정이었어.
가지 말고 여기 있어. 상황이
정리될 때까지 여기 있어…
가지 말라고!

레미가 말을 하는 동안 루이즈는 그의
품에서 벗어나려 괜한 발버둥을 친다.
결국 그러기를 포기한 루이즈는 울음을

터뜨리고 몸을 들썩이며 흐느낀다.
레미는 그런 그녀를 꼭 안아준다.
잠시 뒤 루이즈는 다시 레미의 품에서
벗어나려 하고 이번에는 성공한다.
그녀는 멀어지더니 가방을 챙긴다.
그러고는 문으로 향한다. 레미가
그녀를 쫓아온다.

레미

그렇게 가지 마! 내 말을 좀
들어. 여기 있으라니까.

루이즈

싫어! 아까는 저쪽 집에
있을 수가 없었어. 그런데
지금은 이쪽 집에 있을 수가
없게 됐어. 난 한곳에 못 있고
떠돌아야 하는 사람인가 봐.
당신이 그렇게도 비난했던
모습대로지!

루이즈는 문을 연다. 레미가 그녀의
팔을 붙잡자 강하게 저항한다.

레미

아무것도 안 챙겨도 돼?

루이즈

조만간 다시 와서 내 짐들
가져갈게… 아니야,
지금 못 그럴 것도 없지.

루이즈는 문을 닫고 침실로 올라간다.
서랍장을 열어 옷을 챙기다 침대에
올려두고는 수화기를 집어 든다.

루이즈

여보세요! 옥타브?
…미안, 나 때문에 깼어?
…아무 일도 없어. 나중에
설명할게… 그럼, 난 괜찮지.
아주 잘 있어… 지금은
마른라발레 집이야. 너 오늘
뭐 해? …그럼 저녁엔?
…이따가 집으로 데리러 와줘.
파리 집, 우리 집 말이야…
8시에… 그럼, 그때 집에
있을 거야. 확실해. 내가 너한테
지금 이렇게 부탁하는데
당연하지. 확실해. 확실하다고.
확실하다니까.

마른라발레의 거리, 아침 11시.
루이즈가 짐가방을 손에 들고
건물 밖으로 나온다.
역을 향해 걸어간다.

●

Le Rayon vert 녹색 광선

개봉 ☞ 1986년 9월 3일
러닝타임 ☞ 1시간 38분

[파리]
실비 ☞ 실비 리셰
마뉘엘라 ☞ 리자 에레디아
할아버지 ☞ 바질 제르베즈
비르지니 ☞ 비르지니 제르베즈
르네 ☞ 르네 에르낭데즈
도미니크 ☞ 도미니크 리비에르
클로드 ☞ 클로드 쥘리앵
알라리크 ☞ 알라리크 쥘리앵
래티시아 ☞ 래티시아 리비에르
이자벨 ☞ 이자벨 리비에르
베아트리스 ☞ 베아트리스 로망
이렌 ☞ 이렌 스코블린

[셰르부르]
에두아르 ☞ 에릭 암
제라르 Q. ☞ 제라르 케레
쥘리 ☞ 쥘리 케레
브리지트 ☞ 브리지트 풀랭
제라르 L. ☞ 제라르 를뢰
릴리안 ☞ 릴리안 를뢰
바네사 ☞ 바네사 를뢰
위그 ☞ 위제 푸트

[라플라뉴]
미셸 ☞ 미셸 라부르
폴로 ☞ 폴로

[비아리츠]
부인1 ☞ 마리아 쿠토팔로스
부인2 ☞ 이자 보네
부인3 ☞ 이브 두아양부르
교수 ☞ 프리드리히 귄터 크리스틀랭
부인4 ☞ 폴레트 크리스틀랭
레나 ☞ 카리타
피에로 ☞ 마르크 비바스
조엘 ☞ 조엘 코마롤로
자크 ☞ 뱅상 고티에

시나리오 공동작업 및 주연 델핀 ☞
    마리 리비에르
영상 ☞ 소피 맹티뇌
음향 ☞ 클로딘 누가레
사운드믹싱 ☞ 도미니크 엔캥
편집 ☞ 마리아루이자 가르시아
음악 ☞ 장루이 발레로
일몰장면 ☞ 필리프 드마르
일몰장면 도움 ☞ 피에르 샤타르,
    제라르 로몽
현장진행 ☞ 프랑수아즈 에셰가레
제작사 ☞ 레필름뒤로장주

일러두기 ☞ 「녹색 광선」은 미리
    시나리오를 쓰지 않았다. 따라서
    본 텍스트는 배우들이 즉흥적으로
    연기한 대사들을 옮겨 쓴 것이다.

"아! 가슴 두근대는
시간이여, 오라."
— 아르튀르 랭보

7월 2일 월요일.
사무실.
델핀은 샹젤리제 지역에 있는
한 사무실에서 일한다. 직장 동료가
델핀을 불러 전화를 바꾼다.

실비
여보세요? 네, 잠시만요.
델핀! 네 전화야!

델핀
여보세요? 아, 안녕. 잘 지냈어?
…정말? 너무 잘됐다! 어때?
좋아? …그럼 셋이 같이 가면
되겠네! …무슨 말이 하고
싶은 거야? …지금 날 빼고
가겠다는 거지? …아, 이러면

안 되지! 휴가를 두 주 남겨놓고
이러는 게 어딨어? 날더러
도대체 어떻게 하라는 거야?
…이건 정말 …아니, 이건 좀
너무한 것 같아. 미안, 끊을게!
델핀은 전화를 끊는다.

생제르맹 거리, 늦은 오후.
델핀은 집으로 돌아온다. 그녀는
센 거리 모퉁이에 위치한 건물 꼭대기
층의 쪽방에 살고 있다.

7월 3일 화요일.
갈리에라 광장, 점심시간.
델핀은 친구와 약속이 있다.

델핀
마뉘엘라!

마뉘엘라
안녕, 델핀! 잘 지냈어?

델핀
여긴 너무 눈이 부시네.
다른 데로 안 갈래?
저쪽에 그늘진 데로 가자.

둘은 회랑 아래로 자리를 옮긴다.

마뉘엘라
델핀, 너 왜 그래?
뭐 안 좋은 일 있어?

델핀
응, 있어.

마뉘엘라
무슨 일인데?

델핀
어제저녁에 카롤린한테서
연락이 왔는데 갑자기 나랑
휴가를 같이 못 간다는 거 있지.

마뉘엘라
정말? 그럼 넌 어떻게 하게?

델핀
잘 모르겠어.

마뉘엘라
다른 사람이랑 갈 거야?

델핀
아니. 같이 갈 사람이 없어.
뭐, 지금으로선 그래.

마뉘엘라
어쨌든 같이 갈 사람을
찾아야 할 거 아냐.

델핀
두 주 안에? 글쎄.

마뉘엘라
당연히 그래야지. 두 주 안에
찾을 수 있을 거야.

델핀
누구를? 어떤 사람들 말이야?

마뉘엘라
나야 모르지.

델핀
휴. 넌 누구랑 같이 가는데?

마뉘엘라
난 앙투안이랑 가려고.
있잖아, 너랑 같이 가고 싶어
하는 애가 있어.

델핀
누구?

마뉘엘라
그러니까… 커다란 별장에서
휴가를 같이 보내고 싶대…

델핀
그게 누군데?

마뉘엘라
라울.

델핀
라울? 걘 좀… 좀 이상한
애잖아! 야, 라울이라니!

마뉘엘라
라울 정도면 괜찮은 애야.
아님 그냥 혼자 가도 되잖아.

델핀
혼자 휴가를 가는 건 무리야.

마뉘엘라
가서 사람들을 만나면 되지.

델핀
어딜 가서? 난 잘 모르겠어.

마뉘엘라
글쎄, 스페인에 있는 우리
할머니 댁에 가는 건 어때?

델핀
참신한 계획이네!

마뉘엘라
농담 아니고 진짜로.
바닷가에 있는 큰 집이야.
날씨는 매우 무덥고.

델핀
큰 도시야?

마뉘엘라
작은 마을이야.

델핀
고민을 좀 해봐야겠어. 그렇지만
스페인에 혼자 가라니!

마뉘엘라
가면 혼자가 아니지.
거기 관광객들이 얼마나 많은데.

델핀
난 모험을 즐기는 사람이
아니야.

마뉘엘라
그래, 그러니까 올해엔 모험을
해보는 거야. 어쨌든 어떤

남자가 네 맘에 들지 그건
모르는 거니까.
나체의 남자 조각상을 가리키며
이 조각상 보여? 이 남자도
네 맘에 들지 몰라. 아름답잖아.
좀 때가 타긴 했지만 정말
근사한걸!
마뉘엘라는 손으로 조각상을
죽 훑는다.
이 종아리 좀 보라고!

7월 4일 수요일.
델핀은 지하철을 타고 젠빌리에의
친구들 집에 간다.

교외의 주택.
델핀과 친구들이 정원의 탁자에
둘러앉아 대화를 나눈다.

비르지니
할아버지, 오렌지주스 좀
드릴까요?

델핀
좀 이상하지 않나요?

할아버지
뭐라고?

델핀
날씨가 7월답지 않은 것
같아서요.

할아버지
그래, 덥지가 않구나.

델핀
휴가 계획은 있으세요?

할아버지
나 말이니? 전혀. 난 연금 받고
사는 은퇴자잖니! 집안일이
내가 할 일의 전부란다!

델핀
그러니까 그냥 파리에 계신다는
거예요? 어디 안 가세요?

할아버지
절대. 절대 안 가. 예전엔
두 달 정도 떠나곤 했지.
쥐라 지방의 라포시유 고개랑
스위스 국경 중간쯤으로.

델핀
8월에도 보통 파리에
계셨던 거예요?

할아버지
난 휴가라는 걸 아주 뒤늦게야
가봤단다. 젊었을 땐 일을 많이
해야 했지. 바다를 처음으로
본 게 내 나이 예순이 다
되어서였다니까! 정말이야.
우리 땐 휴가가 드물었지.
집에서 혼자 일하는 경우가
대부분이었으니까. 난 택시를
몰았는데, 두 달간 휴가를

떠난다는 건 말도 안 되는
일이었어. 어쨌든 나중에 휴가를
길게 떠나게 됐을 때 어떤…
시골에 사는 분 집에 묵게
됐는데, 거기서 가축들을 돌보고
또… 정원을 가꾸며 지냈지.
그렇게 두 달을 보냈단다.

르네
산에서 지내는 게 좋으셨어요?

할아버지
아니, 난 산을 안 좋아해.

르네
왜 안 좋아하세요?

할아버지
왜냐면 하도 파리 시내를
운전하고 돌아다녔더니 좁고
험한 골짜기라면 질색이거든.

비르지니
파리지앵이시군요.

할아버지
그럼, 나야말로 진정한
파리지앵이지!

르네
사실 파리가 편하고 좋죠.

할아버지
파리가 좋고말고!
산책하기에 이만큼 좋은 곳도
없어. 큰 공원도 있고…

델핀
그렇지 않아요!
여긴… 여긴…
자연이 없잖아요.
바다가 없죠!

할아버지
자연? 뭐, 바다는 없지만
센 강이 있잖니. 센 강이면 되지,
바다랑 다를 게 뭐 있어.

델핀
아녜요. 센 강으로는
충분하지 않아요!

할아버지
충분해!

델핀
하지만 센 강은…

할아버지
내가 바다에 가서 뭘 하겠니?
난 발목까지만 물이 닿아도
그대로 몸이 굳어. 겁난다니까.
수영할 줄을 모르거든.
그러니 뭐…

7월 5일 목요일.
델핀은 로맹빌의 주택단지에 살고 있는
언니의 집을 방문한다.

로맹빌의 아파트.
델핀의 언니 도미니크, 형부 클로드,
조카인 열 살 난 래티시아와
어린 아기, 그리고 여동생 이자벨까지
한데 모였다.

델핀
그럼 여름엔?

클로드
뭐, 물론 가끔 비가 오긴
하지만, 그래도 참 좋은 곳이야.
어쨌든 우리가 거기로 가는 건
알라리크가 더운 걸 싫어해서야.
그래서 좀 덥지 않은 곳으로
가려는 거지.

델핀
거기 가서 뭐 하려고?

도미니크
캠핑하는 거지 뭐.

델핀
내내 비가 오기라도 하면
어쩌려고?

도미니크
비가 올 땐 민박을 하면 돼.
뭐, 어쨌든… 비가 매일같이
내리진 않을 거 아냐!
7, 8월에 가는데, 글쎄,
예전에 7월에 갔었는데 날씨가
무척 좋았어. 아마 이번에도
운만 따라주면 날씨가 좋겠지!

델핀
그럼 텐트 같은 걸
다 챙겨 가는 거야?

클로드
거긴 아무 데서나 캠핑할 수
있어. 프랑스랑 달라.
캠핑장이 따로 정해져 있는 게
아니거든. 우린 서쪽 해안가로
갈 건데 거긴 황량한 들판이라
아무 데서나 캠핑할 수 있어.
아주 좋다니까.

델핀
사람들은 친절해?
거기 사람들이… 그러니까
내 말은… 캠핑을 할 때 그래도
그 근처에 사는 사람들에게
얘기를 해야 하는 거 아냐?

클로드
주민에게 허락을 구해야지.
집에 찾아갔는데 없으면,
뭐… 근처 다른 사람한테
얘기하거나…

델핀
사람들은 친절해?

클로드
그럼, 아주 좋은 사람들이야.
전혀 문제 될 거 없어.

도미니크
우린 거기 아는 사람도 많아.

클로드
맞아. 찾아갈 곳은 많지.
거기서 지내는 데 문제 될 건
없다고.

도미니크
친구들이 많아서 이 집 저 집
돌아다니며 신세 질 수 있어.
아는 사람들이 많으니, 뭐…

클로드
그럼. 아는 사람들이 많으니
어디든 갈 수 있지. 무엇보다
이자벨이 있잖아!

도미니크
그렇지, 우리에겐 이자벨이
있지! 사실 더블린이 가장
흥미로운 곳 아니야?

델핀
조카에게
넌 거기 가는 거 좋아?

래티시아
응!

델핀
아일랜드에 가본 적 있어?

래티시아
한 번도 안 가봤어.

델핀
외국에 가고 싶니?

래티시아
아니. 싫어.

델핀
아일랜드가 외국이야.
그러니까 아일랜드에 가면
외국에 가는 건데?

래티시아
아니.
외국에는 안 가고 싶어.

델핀
그런데 왜 아일랜드에는
가고 싶은 거야?

래티시아
왜냐면… 이자벨 이모가
예쁜 나라라고 얘기해줬거든.

델핀
아, 이자벨 이모가
얘기해줬구나. 거긴 계속
비가 온대. 안 무서워?

래티시아
안 무서워!

이자벨
언니! 도대체 왜 이번 여름에
우릴 보러 더블린에 안 온다는
거야? 엄마도 우리를 보러
이미 왔었고, 도미니크 언니네도
이번에 우릴 보러 올 거고.
가족 중에 언니만 안 오는 거야.

델핀
글쎄… 여름엔 기분전환 삼아
더운 곳에 가고 싶거든. 햇볕을
쬐고 싶어. 비교하려는 건
아닌데, 어쨌든 나도 널 보러
가긴 갈 거야. 언젠가 갈 거야.
언제일지는 모르겠지만.
그렇지만 8월에는 바다를
보고 싶어. 가서 수영도 하고
일광욕도 하고 싶단 말이야.
안 그러니, 래티시아?

래티시아
맞아.

델핀
너도 좋구나!
그러니까 난 말야…

래티시아
난 아일랜드가 좋아.

델핀
거기 가고 싶구나?

래티시아
응.

델핀
난 다음에 갈게.
이번 여름은 아니고…
어쨌거나 장피에르에게
전화해봐야겠어.
두고 봐야지.

밖으로 나온 델핀은 길에서 카드
한 장을 발견한다. 델핀은 카드를 주워
뒤집어 본다. 스페이드 퀸이다.

7월 6일 금요일.
델핀의 방.
전화벨이 울린다.
델핀이 전화를 받는다.

델핀

여보세요? …아, 안녕, 장피에르.
전화해줘서 고마워.
응, 앙티브에 잠시 가도 되는지
물어보려고… 아, 난 네가 계속
산에 있는 줄 알았지…
그럼 아무래도 어렵겠네.
그래, 괜찮아… 그것참 고맙네.
날더러 라플라뉴에 혼자 가라니,
지금 날 놀리는 거야?
아니, 원래 그리스에 가기로
했었는데, 잘 안 됐어.
취소됐어… 글쎄, 언니네랑
아일랜드에 갈 수도 있고…
근데 산에서 왜 내려온 거야?
너 원래 잘 안 내려오잖아!

교외 주택가 거리.
델핀은 기둥에 붙은 녹색 광고지
앞에서 걸음을 멈춘다. 광고지에는
이런 글이 적혀 있다.

"자기 자신, 그리고 타인과의 관계를
회복하세요."

마뉘엘라의 집.
델핀, 베아트리스, 프랑수아즈,
마뉘엘라가 정원에서 차를 마신다.

베아트리스

난 저번에 피렌체에 혼자
갔었어… 넌 왜 혼자
못 가겠다는 거야?

델핀

그러고 싶지 않으니까.
혼자 휴가를 떠나고 싶지 않아.
한번 해봤는데, 별로였어.

베아트리스

혼자 떠나는 게 얼마나
좋은데 그래!

델핀

비웃는 거야, 뭐야? 나도
해봤다니까. 예전에 니스에 혼자
간 적 있었는데, 정말…
뭐랄까, 비인간적이었어.

베아트리스

그렇게 사람들을 만나는
거라고!

델핀

아니, 난 그렇게 누굴 만난 적
한 번도 없어.

마뉘엘라
난 그렇게 앙투안을 만났는걸.

베아트리스
그럼 파리에선 사람들을
만나긴 해?

델핀
별로.

베아트리스
만나고 싶긴 한 거야?

델핀
그걸 말이라고!

베아트리스
그럼 단체여행 같은 걸
가보는 건 어때?

델핀
미쳤니?

베아트리스
왜, 뭐가?

델핀
세상에, 베아트리스.

베아트리스
너 선입견 같은 거 있어?
단체로 가는 게 뭐가 문제야?

델핀
너 정말 미쳤구나.
지금 날 공격하는 거야, 뭐야?
하, 정말!

베아트리스
널 공격하는 게 아니야!
고독을 타개할 방법을 찾아야
할 거 아냐. 계속 그러고 지내면
안 되지. 평생 혼자 살 순
없잖아. 지금 네 모습을 보라고.
너 슬퍼 보여!

델핀
안 슬프거든.
도대체 내 어디가 슬퍼
보인다는 건데?

베아트리스
너 슬픈 거 맞잖아!

델핀
나 엄청 잘 지내.
슬프지 않아!

베아트리스
어쨌든 넌 지금 혼자잖아?

델핀
그래서 뭐? 그러니까 난…
왜 비웃는 거야?

베아트리스
그럼 혼자인 게 넌 재밌니?

델핀
재밌지 않아! 하지만
이 상황에서 벗어나보겠다고
단체여행을 떠나진 않을 거야!
아니면…

베아트리스
그렇게 해야지!
적극적으로 노력을 해야
벗어날 수 있는 거야!

델핀
아, 제발 그만해!

베아트리스
진짜라니까! 나도 너처럼
그럴 때가 있었어. 어떤 노력도
하지 않았고, 매우 서글펐지.
끔찍한 기억이야. 난 그럴 수
있다는 걸 이해해. 그래서 널
도우려는 거야.

델핀
내 상황을 극단적으로
몰아붙이지 마. 난 슬프지 않아.

베아트리스
어떤 문제를 뿌리 뽑으려면
극단까지 몰아붙여야 하는 거야.

델핀
넌 날 잘 모르잖아!

베아트리스
널 잘은 모르지만,
널 보고 있잖아.

델핀
도대체 나에게서 뭘 본다는
거야? 어쩌다 고작 5분
본 게 다인데. 네가 날 잘

모르는 게 당연하지!
무슨 소릴 하는 거야?

베아트리스
아니라니까. 우린 이미
대화를 나눴잖아.

델핀
뭐, 얼마나 얘길 나눴다고 그래.
게다가 항상 너만 말하잖아.

베아트리스
할 얘기가 있는 사람이
얘기를 하는 게 당연하지.

델핀
아니, 나도 얘기하고 싶은 게
많지만, 말하지 않는 거야.

베아트리스
얘기해! 우린 네가 얘길 좀
했으면 좋겠어. 우리 모두 들을
준비가 되어 있다고…
그런데 할 얘기가 있기는 해?

델핀
너 정말 못됐다.

베아트리스
못된 게 아니라 네 행복을
바라는 거야. 가끔 그럴 때
있잖아, 누군가를 다그쳐야
할 때 일부러 더 못되게 구는 거.
글쎄, 너희 부모님이 널 너무
오냐오냐 키우신 게 아니라면…

델핀
애 정말 미쳤구나!
너무 못됐다! 도대체 나한테
왜 이런 얘길 하는 거야?
아, 솔직히 정말 이건…

베아트리스
그래, 나 미쳤고, 못됐어…
하지만 널 좋아하기 때문에
이런 얘기를 하는 거야.

델핀
우리 부모님이 날 어떻게
키웠다는 거야? 아, 난 정말…

베아트리스
발전이 있으려면 듣기 싫은
소리도 들을 줄 알아야 해.

델핀
잠깐만, 나 얘기 좀 할게. 난
정말 잘 지내. 그래, 지금 좀
외롭긴 하지만 그래도 완전히
혼자인 건 아니야. 마냥 혼자인
게 아니라고. 남자도 있어!
지금 만나지 않고 있긴 하지만,
그래도 나에겐 의미가 큰
사람이야. 자, 이제 됐지! 더는
아무 말 말라고.

베아트리스
그래, 알겠어! 어쨌든 난 너한테
남자가 있는 줄 몰랐거든. 근데
네 모습을 보니까, 네가 좀

적극적으로 노력하면 좋을 것
같다고 생각했던 거야. 미안!
몰랐어. 만나는 남자가 없는 줄
알았지. 그래서 얘가 뭐라도 좀
하게 만들어야겠다 싶었던 거야.
난 친구들을 위해서라면 좀
공격적으로 구는 게 낫다고
보거든. 어쩔 땐 더 심하게
굴기도 한다니까. 친구를 웃게
할 수 있다면, 그만 힘들게
할 수 있다면 난 따귀라도
때릴 수 있어!

델핀
넌 내가 아니잖아.

베아트리스
너도 내가 아니지. 그래서
인생이 재밌는 거고.

델핀
그런데 네가 내 귀에 대고
자꾸 소리를 지르니까,
도저히 너랑 뭘 어떻게 해야
할지를 모르겠어.

베아트리스
내 말은 그저 가만히 있기만
하면 안 된다는 거야.

마뉘엘라
델핀, 어쨌거나 장피에르랑은
사실 끝난 거잖아…
누군가를 만나고 싶은 거야,

이님 추억을 붙잡고 평생
그렇게 살려는 거야? 누군가
만나고 싶지 않아?

델핀
만나고 싶어.

마뉘엘라
근데 넌 백마 탄 왕자님이
와주길 바라는 거잖아. 그게
아님 뭔가 할 생각이 있어?

델핀
나더러 뭘 어쩌라는 거야?

마뉘엘라
별자리 점이라도 봐. 아님…
난 귀신들이랑 얘기할 수
있거든. 뭘 물어볼 수도 있고.
오늘 밤에 한번 해볼까.

델핀
남자 만나려고 점을 본 적은
없는데! 한번 해볼까.

마뉘엘라
어쨌든 너도 뭔가 믿는 게
있을 거 아냐. 그렇지 않다면…

델핀
내가 믿는 건…
글쎄… 글쎄…
인생에서 저절로 일어나는
일들 있잖아, 사랑이랑
관련된 그런 일들.

마뉘엘라
그러니까 내 말은,
미신 같은 거라도 없어?
운세나 카드점이나 별자리
같은 거 안 믿어?

델핀
나에겐 개인적인 미신이 있어.
그러니까 믿는 게 하나 있는데,
카드놀이 할 때 쓰는 카드
있잖아. 난 길에 떨어진 그런
카드를 믿는 것 같아. 가끔
길에서 카드를 줍거든.

베아트리스
자주 그래?

델핀
가끔. 전혀 생각지도 못했던
순간에 그냥 길을 걷다가
카드를 발견하는데, 그때마다
뭔가 의미가 있는 것처럼
느껴져. 저번에는 언니 집에
가는 길에 카드를 주웠는데,
스페이드 퀸이었지. 그건 불길한
징조잖아.

마뉘엘라
그렇지!

델핀
무슨 의미인지 알아?

마뉘엘라
좀 알지.

델핀
그렇게 언니 집에 가다가 홀연히
이끌린 거야… 게다가 그 카드가
녹색이었거든! 정말 이상한 게,
내 친구 중에 영매인 애가
있는데, 걔가 날더러 녹색이
올해의 나의 색이라고 했거든.
근데 그때부터, 아마 내가
의식해서 그런 거겠지만, 자꾸
녹색을 마주치는 거야! 그때
내가 언니 집에 가려고 길을
걷는데 뭘 봤는지 알아? 녹색
카드를 발견했는데, 옆에 녹색
기둥이 있었고, 그때 난 녹색
옷을 입고 있었다니까.

마뉘엘라
그럼 넌 화성인을 만나게
되겠네!

베아트리스
녹색은 희망의 색이잖아!

프랑수아즈
그럼 좋은 해가 되겠지.

베아트리스
그 잡지 이리 줘봐. 별자리 운세
좀 읽어보게. 보자…
너 염소자리 맞지?
"남들처럼 뻔한 남자는 싫어,
소위 백마 탄 왕자님을 기다리는
당신은 늘 외롭습니다.
우울하겠죠. 악순환일

따름이에요. 당신의
고집을 꺾으려면 도대체
어떻게 해야 할까요?"

델핀
내가 고집부리는 게 아니라,
인생이 나한테 고집부리는 거야.
정말… 정말이라니까…

잠시 후 델핀은 친구들 곁을 떠나
현관 앞 층계에 혼자 앉아 있다.

마뉘엘라
델핀은 지금 뭐 하고 있어?

프랑수아즈
저리로 갔어. 우리랑 말하고
싶지 않은 거겠지.

베아트리스
쟤는 왜 그러는지 모르겠어…
늘 혼자잖아.

프랑수아즈
아냐, 그러니까 델핀은…
서글픈 거야.

베아트리스
원래 저렇게 서글픈
애라는 거야? 아님 그럴 만한
이유가 있어?

프랑수아즈
그게 아니라 장피에르랑
헤어졌거든. 둘이 오래
만났었는데.

베아트리스
장피에르가 누군데?

마뉘엘라
델핀 애인이었지.

베아트리스
언제부터 사귀었는데?

프랑수아즈
델핀한테 좀 가봐야겠어.

베아트리스
나한테는 한마디도 안 하려고
한다니까! 난 다른 사람들 얘기
하는 게 재밌는데.

마뉘엘라
그래, 근데 델핀이 혼자 지낸 지
2년이나 됐어. 그러니…
좀 우울해하는 거지, 뭐.

베아트리스
그래도 우리가 나쁜 소리
한 건 없잖아?

프랑수아즈가 델핀 곁으로 간다.

프랑수아즈
왜 그래?

델핀
아무것도 아냐.

프랑수아즈
왜 울고 그래.

델핀
날 좀 그냥 둬!

프랑수아즈
남자 때문에 그래?

델핀
아냐! 그냥 좀 두라고!

프랑수아즈
휴가 때문이야?

델핀
그런 건 아무래도 상관없어!

프랑수아즈
그럼 도대체 왜 우는 거야?

델핀
아무것도 아니라니까.

프랑수아즈
아니, 이렇게 울지 마.
우리 집으로 같이 놀러 가자!
정원 딸린 큰 집인데, 언니도
오고, 오빠들도 올 거고,
조카들도 올 거야. 바닷가인데
볕도 아주 좋아. 같이 가자!

델핀
사실 언니가 엄마랑 같이
아일랜드에 가자고 하긴 하는데,
그건 휴가가 아니잖아!
난 진짜 휴가를 떠나고 싶단
말이야… 가족들을 좋아하긴
하지만, 아무리 그래도…

프랑수아즈
셰르부르로 같이 가자.
가서 재밌게 놀고, 사람들도
만나는 거야!

7월 18일 수요일.
셰르부르 항구.
델핀과 프랑수아즈는 전경을 바라본다.

델핀
저기 헤엄치는 강아지
너무 귀엽다!

프랑수아즈
아, 정말…
여러 방향을 가리키며
자, 저기 보이는 게 르룰 산이고,
저긴 라우그라고 부르는 곳이야.
저쪽엔 석유 시추 시설,
이쪽은 보이는 것처럼
요트항이고. 그리고 저기
보이는 게 라아그야.
완전히 황량한 곳이지…
난간에 기댄 젊은 남자를 가리키며
저 남자 보여?
얘, 저 남자 좀 봐!

델핀
그렇게 쳐다보지 마!

프랑수아즈
괜찮아 보이는데!
갈색 머리에 몸매도 좋고…

델핀
널 보고 있는데.

프랑수아즈
그렇지 않아!

델핀
너무 그렇게 쳐다보지 마!

프랑수아즈
델핀의 옷을 잡아끌면서
우릴 쳐다본다!
봐봐!
널 찍은 게 분명해.

델핀
그만해, 옷이 벗겨지잖아!
저 남잔 네 타입이야.

프랑수아즈
아니야. 네 타입이야!

델핀
어쨌거나 저 사람 타입은
너인 것 같은데.

프랑수아즈
젊은 남자에게
안녕하세요!

에두아르
가까이 다가오며
안녕하세요!

델핀
넌 정말 배짱도 좋구나.

프랑수아즈
이 동네 사세요?

에두아르
네.

프랑수아즈
이름이 뭐예요?

에두아르
에두아르라고 해요.

프랑수아즈
앤 델핀이고, 전 프랑수아즈.

에두아르
여기서 둘이 뭐 해요?

델핀
휴가 왔어요.

에두아르
어디로요? 가족끼리?

델핀
네, 맞아요…

에두아르
난 아니에요.
내일 아일랜드로 떠나요.

델핀
그것참 재밌네요. 나도
아일랜드에 갈 뻔했거든요.

에두아르
그래요?

델핀
네, 그럴 뻔했죠. 결국 여기
오게 됐지만, 셰르부르가
맘에 드네요.

프랑수아즈
배를 타세요?

에두아르
맞아요. 내 배는 저쪽에 있고요.

프랑수아즈
혼자예요?

에두아르
네, 혼자예요.

프랑수아즈
오늘 저녁엔 뭘 하세요?

에두아르
두 분은요?

델핀
우린 가족끼리
식사하기로 해서요.

에두아르
그럼 우리 그 뒤에 만날까요?

프랑수아즈
그러죠!

에두아르
좋아요…
10시나 11시쯤 어때요?

프랑수아즈
좋아요!

에두아르
정말이죠?

델핀
아니요, 아무래도 선약 땜에
어려울 것 같아요.

프랑수아즈
취소할 수 있어!

델핀
그건 안 되지.

에두아르
그래요?

델핀
약속을 했으니 지키는 건
당연한 일이죠.

프랑수아즈
가족식사는 다음에 해도 돼.

에두아르
저녁 먹고 나서 만나면 되지
않을까요? 볼링장에 아이스크림
먹으러 가는 거 어때요?

프랑수아즈
그것도 좋죠!

델핀
자리를 뜨며
이만 가볼게요.

프랑수아즈
내일 만나는 건 어때요?

에두아르
난 내일 떠나요.

프랑수아즈
그럼 어쩔 수 없네요.
다음에 봐요!

프랑수아즈
델핀에게 다가오며
왜 그렇게 가버리는 거야?

델핀
글쎄, 그냥 신중하게 군 거야.

프랑수아즈
저 남자 별로야?

델핀
응. 아무래도 여자나
꼬시려는 남자 같아.

프랑수아즈
그래갖고는 너
아무도 못 만나!

델핀
그래. 하지만 다음 날 떠난다는
남자랑 뭘 어쩐다는 게, 글쎄,
난 좀 이상한 것 같은데.

프랑수아즈
난 잘 모르겠네. 나라면
만나자고 했을 거야.

델핀
그래. 하지만 너랑 난 다르잖아.

프랑수아즈
그래. 우린 다르네.

셰르부르의 집.
프랑수아즈의 가족들이 모두 정원에
모여 저녁 식사를 한다.

델핀
전 고기를 안 먹어요.

제라르 L.
정말요?

브리지트
고기를 싫어해요?

델핀
네, 좋아하지 않아요.
괜찮아요. 정말 괜찮으니,
얼른 식사하세요.

브리지트
뭐 다른 것 좀 만들어줄까요?

델핀
아뇨. 여기 타불레 먹으면 돼요.
괜찮습니다!

제라르 Q.
릴리안, 델핀에게
달걀 요리라도 해주지그래!

델핀
고맙지만, 정말 괜찮아요.
타불레 먹을게요.

릴리안
여기 토마토 먹을래요?
우리한테 미리 말을 해주지
그랬어요.

제라르 Q.
고기는 전혀 안 먹는 거예요?

델핀
네. 전혀요.

제라르 Q.
그렇군요.

브리지트
생선은요?

델핀
생선도 거의 안 먹어요.
정말 먹을 게 없을 때만
가끔 먹죠. 다른 사람 집에
갔을 때 어느 정도 단백질
섭취는 해야 하니까요.

제라르 L.
건강은 어때요?
괜찮은 거죠?

델핀
그럼요. 집에서 곡물이나…
건강한 재료로 음식을 해먹어요.

릴리안
유제품도 먹고요?

델핀
네, 맞아요. 우유도 먹고
아몬드도 먹고. 사실 고기가
필요 없어요!

제라르 Q.
그래도 다른 사람들 집에 가면
좀 곤란할 때가 있겠어요.

델핀
지금처럼 말이죠!

브리지트
델핀이 먹을 걸 따로
사와야겠어.

델핀
아뇨. 그러지 마세요.
저한테 뭘 따로 사다주시는
건 바라지 않아요. 전 정말
괜찮아요. 이미 충분해요.

브리지트
갑각류는?
랍스터도 안 먹어요?

프랑수아즈
게는?

델핀
어쨌든 그런 건 다 살아
움직이는 동물이잖아요!

제라르 L.
그럼 결국 동물이라면 다⋯

델핀
모르겠어요. 글쎄요.
제 생각엔⋯ 붉은 피가 흐르는
동물들이 특히 그래요.

제라르 L.
그럼 돼지고기 요리를 보면
돼지가 떠오른다는 거예요?

프랑수아즈
그런데 델핀, 넌 녹색을
좋아하지 않아? 그런데 예를
들어 네가 풀밭에서 양상추를
뽑으면 살아 있던 게 곧 시들어
결국 죽는 거잖아.

델핀
그래. 하지만 난 그게 같은
거라는 생각은 안 들어. 그런
식물은 아주 거리가 있지.
그러니까 내 말은 고기나 동물에
비해 나와 거리가 멀다는 거야.
양상추는 더 가볍고, 뭐랄까⋯
더⋯ 채소는 공기처럼 가볍잖아.
그러니까⋯ 내 말은⋯

릴리안
피가 안 나니까요?

브리지트
심장이 뛰지도 않고요?

델핀

그렇죠… 아마 제가 잘못
이해하고 있는 건지도 몰라요.
하지만 지금으로선…
현재 저의 상태에선, 내가
틀렸을 수도 있지만… 어쨌든
이건 본능적인 문제예요.
전 그렇게 먹어요. 그게 제가
음식을 먹는 방식이에요.

제라르 Q.

나도 어렸을 땐 그런 감정을
느꼈어요. 예전에 정육점에
가면 그랬죠. 하지만 이젠 그냥
마트에 가서 고기를 사요. 이제
그런 감정은 들지 않죠.

델핀

그게 바로 이건 완전히 의식
혹은 무의식의 문제라는
증거예요. 그리고 전 그건 좀
아닌 것 같아요. 왜냐면 우리가
고기를 그냥 먹으면 그 고기를
먹기 위해 사람들이 하는 일들,
그러니까 동물을 죽인 방식들에
대해 더는 의식하지 않는다는
거잖아요. 그건 잘못이죠!
예전에 정육점에 갔을 땐 그런
의식이 있었을 거 아니에요.
피에 대해, 폭력에 대해
생각했겠죠… 그런데 갑자기
그걸 잃어버리다뇨.

제라르 Q.

마트에 가서 고기만 사는 건
아니잖아요…

델핀

그 의식을 잃어서는
안 되는 거라고요…

제라르 Q.

나와 다른 환경에 사는 사람들이
만든 다른 상품들도 사잖아요.
전 그런 것들을 살 때 양심의
가책을 느끼지 않아요.
만약 마트에 가서 어떤 물건을
살 때마다 그런 문제의식을
느껴야 한다면…

델핀

전 지금 고기에 대한 얘기를
하는 거예요! 사실 우린
프랑스에서 고기 없이도
잘 살 수 있어요. 여긴 다른
먹을거리가 정말 많잖아요.
봐요, 이건 완벽히 해결할 수
있는 의식의 문제예요. 그저
고기를 먹는 대신 다른 걸
먹으면 되는 거죠…
훨씬 경제적이기도 하고요.
고기는 비싸잖아요. 매일 곡물을
먹으면 돈도 별로 안 들어요.
전반적인 경제 관점에서도
마찬가지예요. 풀밭에서 소떼를
기르는 게 그냥 풀밭에 있는 걸

먹는 것보다 훨씬 더 돈이 많이
들잖아요. 당연한 거죠!

제라르 L.
하지만 맛을 따지면 난
고기가 더…

델핀
고기는 아무 맛도 없어요!
게다가 전 굳이 맛을 따지고
보더라도… 채소 파테라는 요리
있잖아요… 채소로만 만든
파테요. 그건 파테 맛이 나서
먹을 수가 없더라고요. 채소로만
만들었다는 걸 알면서도
말이에요. 전 그 맛이 거슬려요.

브리지트
파테라는 건 그냥 말일
뿐이잖아요!

델핀
말이 아니라 맛이에요.
그게 주는 느낌이 있죠.
저에겐 무겁게 느껴져요.

제라르 Q.
아무리 그래도 채소로만
만든 파테가 그렇게 무거운
느낌일 순 없죠.

델핀
그렇지 않아요. 전 공기처럼
가볍고 싶어요. 음식도
마찬가지죠. 이렇게 먹으면

공기처럼 가벼운 느낌이
들잖아요. 뭐, 그렇다고요.

제라르 Q.
그럼 이렇게 야외에서 신선한
공기를 마시며 양고기
스테이크를 먹자고 한다면
어때요?

제라르 L.
저쪽에 있는 숯불에 구워서
말이죠.

델핀
제가 말한 공기처럼 가볍다는
느낌은 그런 주변 환경을
얘기하는 게 아니에요. 몸속에서
느껴지는 걸 말하는 거예요.
우리 몸은 우리가 먹는 음식이
만드는 거잖아요. 그러니까,
공기도 있고 음식도 있겠죠.
음식은 우리가 살아가게끔
해주는 거니까 그래서 전 그게…
제라르는 델핀에게
꽃이 담긴 접시를 내민다.
아, 물론 이것도 참 신비롭죠!
지금 절 놀리시는 거군요.

제라르 L.
미리 준비한 건 아니에요.

델핀
사실 전 꽃도 먹지 않아요. 이건
본능의 문제예요. 왜냐면…

제라르 L.
중국인들처럼 쌀은 먹을 수
있겠네요.

델핀
네, 쌀은 먹죠.
하지만 꽃은, 뭐랄까…
전 꽃은 먹을 수가 없어요.
꽃은 제게 시적인 대상이에요.
그림 같은 거죠.

7월 19일 목요일.
셰르부르의 집, 늦은 오후.
프랑수아즈는 위그가 밀어주는
그네를 타고 있다.

위그
정원으로 딸기를 따러 가자!

풀밭에서 델핀 옆자리에 누워 있던
프랑수아즈의 조카 바네사가 일어난다.

바네사
델핀에게
같이 가서 그네 탈래요?

델핀
별로. 난 그네를
안 좋아하거든. 그네를 타면
멀미를 해.

바네사가 그네에 앉고,
델핀이 뒤에서 밀어준다.

바네사
그럼 어렸을 때도 그네를
안 타봤어요?

델핀
말했잖니. 바로 속이
울렁거린다니까.

바네사
폭력적인 놀이는
좋아하지 않는 거네요!

델핀
그네가 폭력적인 거라고
볼 순 없지.

바네사
아니에요! 뭔가 상당히…
차분해 보이세요.
배 타는 건 좋아해요?

델핀
난 배를 타도
멀미를 한단다!

가족들은 테이블에 앉아 있다.
바네사와 델핀은
카시스를 따먹으러 간다.

바네사
이 카시스 정말 맛있어요!
처음 먹어봐요?

델핀
아니, 먹어봤지.

바네사
남자친구는 없어요?

델핀
아니, 있어.

바네사
그럼 왜 같이 안 왔어요?

델핀
같이 올 수 없으니까.
그 사람은 일하거든.

바네사
안타깝네요.

델핀
아니, 난 아무렇지도 않아.
그냥…

바네사
그 남자는 이름이 뭐예요?

델핀
장피에르.

바네사
자주 만나요?

델핀
응. 그런데 그 사람은 파리에서
일하는 게 아니라. 그래서
자주는 못 보지… 그래도
어쨌거나 내 남자친구야!

바네사
나중에 그 남자랑 같이

살 거예요?

델핀
응. 언젠간.

바네사
발목을 긁으며
아, 벌레한테 물렸나 봐요.
따가워!

델핀
왜 그런 걸 물어보는 거야?
걱정되니?

바네사
아니요.
그냥 물어보는 거예요.

델핀
나도 남자친구 있다니까.
여러 명이야. 바꿔가며 만나지.

바네사
여기서 오랫동안 있을 거예요?

델핀
너희 가족이 날 쫓아낼 때까지!

바네사
그 남자한테 전화할 거예요?

델핀
누구한테?

바네사
남자친구요.

델핀
아마도… 어쨌든 남자친구는
여러 명이라니까.

바네사
셔츠 바꿔 입듯 남자친구를
바꾸겠네요! 아, 카시스가
맛있긴 한데 이제 좀 질리네요.
안 그래요?

델핀
근데 왜 나한테 그런 걸
물어보는 거야? 누가 너한테
그러라고 시켰어?

바네사
아니요. 그냥 제가 궁금해서요.

델핀
원래 호기심이 많아?

바네사
그런 편이죠! 그 남자랑
앞으로 계획이 있어요?

델핀
아! 너 정말 호기심이 많구나!
글쎄, 당장의 계획은 없지만,
어쨌든 그렇게 될 거야.

근처에는 프랑수아즈와 위그가 해먹에
함께 누워 입을 맞춘다.

위그
우리 여기서 오후를 보내자.

정원의 테이블에는 프랑수아즈의
언니와 오빠네 부부들이 모여 스크래블
게임을 즐긴다.

릴리안
난 악셀로 할게. 그런데 확인이
필요해. 확실하지가 않네.

브리지트
악셀이 뭐야?

릴리안
더블악셀이라고 있잖아,
피겨에서…

제라르 Q.
아, 그러네.

브리지트
어디서 쓰는 말이라고?

제라르 Q.
피겨 스케이팅.
전문용어 아니야?

릴리안
더블악셀이란 말,
한 번도 못 들어봤어?

브리지트
응. 난 못 들어봤는데…

델핀은 양동이 옆에 앉아 아이들 중
가장 어린 쥘리와 놀아주고 있다.

델핀
흥얼거리며

자!
"저어라, 저어라, 아이들의
수프를! 저어라, 저어라,
아이들의 수프를!"
가서 더 가져올래?

쥘리
한 번만 더 하면 이제 완성이야!

쥘리는 조금 떨어진 곳에 가서
모래를 더 가져온다.

델핀
아가야, 살살 부어야지…

쥘리
흥얼거리며
"저어라, 저어라…"

델핀
"…아이들의 수프를!"

7월 20일 금요일.
두 여자아이는 그네를 탄다. 어른들은
여전히 테이블에 둘러앉아 있다.

브리지트
내일 바다로 나가서
배 타는 거 어때요?

델핀
배요? 아, 바다는
가고 싶은데 전 배는 못 타요.
뱃멀미가 심하거든요.

릴리안
뱃멀미를 한다고요?

브리지트
그럼 물고기자리는
아닌가 보네!

델핀
전 염소자리예요.

브리지트
염소자리요?

델핀
네… 별자리에 대해
잘 아세요?

브리지트
그런 편이죠. 별자리점을 좀
보거든요.

델핀
제라르도 저처럼
염소자리잖아요.

제라르 Q.
네, 맞아요.

델핀
염소자리는 어때요?

브리지트
염소자리요? 산을 오르는
작은 염소를 상징하죠.
오를 수 있는 가장 높은 곳까지
올라가요. 하지만 보통 혼자서

오르죠. 약간 당신 이야기
같기도 한데요! 안 그래요?

델핀
네. 제 모습일 수도 있죠.

제라르 L.
맞는 것 같아요. 만난 지 얼마
되진 않았지만, 우리가 뭘
제안할 때마다 항상 "아니요.
전 그건 별로예요.", "아니요.
딱히 그렇진 않아요…"
이런 대답을 듣는 것 같아서.

델핀
전 그렇게 까다로운 사람이
아니에요! 놀리지 마세요.

제라르 Q.
좋아하는 게 뭐예요?

델핀
좋아하는 게 뭐냐니 무슨
뜻이에요? 전 까탈스럽게 굴지
않았다고요. 전 지금까지 제가
매우 상냥했다고 생각하는데요!

제라르 L.
아, 매우 상냥하다라!

델핀
까탈 부리지 않았다니까요!
장도 보러 가고, 산책도
나가고요. 전 상냥했어요.
아, 정말!

제라르 Q.
설거지도 하고요.

델핀
설거지도 했죠!

제라르 Q.
하지만 당신은 늘 하는 말이…

델핀
도대체 저의 어떤 점을
비난하려는 거예요?

브리지트
그런 거 전혀 없어요!

릴리안
즐겁게 해주려는 것뿐이에요.
여기서 지내는 동안 최대한
잘해주고 싶은 거라고요.

델핀
전 잘 지내고 있어요.

제라르 L.
그런데 정말로 좋아하는
게 뭐예요? 여기서 정말 꼭
하고 싶다 이런 거 있어요?

델핀
산책하는 걸로 충분해요.

제라르 L.
정말 그게 다예요?

릴리안
식물 같네요.

델핀
네?

릴리안
식물이요.

델핀
내가 식물이라고요?

해변에서 델핀은 조개껍데기를 줍고,
다른 이들은 공놀이를 한다.

7월 21일 토요일.
델핀은 절벽 위로 난 작은 숲을
홀로 산책한다. 강한 바람에
나뭇잎들이 세차게 흔들린다. 델핀은
울타리에서 멈춰 선다. 바다를
등지고 선 델핀은 눈물을 흘린다.
조금 뒤, 다른 이들이 다시 차에 차려고
한다. 델핀이 도착한다.

바네사
아, 저기 델핀이 와요!

델핀
산책 다녀왔니?

바네사
어디 갔었어요?

델핀
저 아래쪽, 숲속에…
릴리안과 프랑수아즈가 꺾어 온 커다란
꽃다발과 기다란 나뭇가지를 보며

자연을 파괴했군요! 이렇게
큰 가지를 꺾어 오다뇨. 나도 뭘
가져올 수 있었겠지만,
난 꽃을 꺾지 않아서요…

바네사
지루하진 않았어요?

델핀
아니. 바다도 보고, 또…

제라르 Q.
자, 서두르자고!

제라르 L.
얼른 차에 타야지, 아가!

쥘리
난 엄마랑 탈 거야…

제라르 L.
삼촌이랑 타야지…

7월 22일 일요일.
셰르부르의 집.
아이들은 놀고, 어른들은
대화를 나눈다.

제라르 Q.
그 사람은 그게 맘에 드나 봐.
어쨌거나 그가 선택한 거니까.

릴리안
그래도 그렇지,
항상 일, 일, 일이잖아!

멜핀은 현관 앞 층계에 앉아 있다.
프랑수아즈가 손에 짐가방을 들고
집에서 나온다.

델핀
프랑수아즈?

프랑수아즈
왜 그래?

델핀
여기 계속 있고 싶지가 않아.
나도 같이 데려가.

프랑수아즈
무슨 일 있어?
여기 있기 싫은 거야?

델핀
아니. 난 괜찮아. 아주 좋아.

프랑수아즈
혹시 우리 가족들이
불편하게 했어?

델핀
아니, 너무 잘해주셔.
그런 게 아니라 너도
이해하겠지만, 여기서 이렇게
혼자 지내긴 힘들어서 그래.

프랑수아즈
그래, 내가 적당히 잘 얘기할게.
다들 눈치가 빠르니까
이해할 거야.

델핀
마음이 불편하네.

프랑수아즈
걱정 마.

프랑수아즈가 사람들에게 다가가자
델핀은 집 안으로 들어간다.

제라르 Q.
간다고 인사하러 온 거야?

프랑수아즈
맞아. 그리고 한 가지 전할
이야기가 있는데, 델핀도 우리랑
같이 떠날 거야.

릴리안
델핀 기분 상한 일이 있는 거야?

프랑수아즈
아니, 아니. 전혀 그런 거
아니야. 그냥 델핀이 우리 갈 때
같이 가는 게 좋겠대서.

제라르 L.
뭐, 그렇게 놀랄 일은 아니네…

릴리안
어쨌든 아쉽네.
좋은 사람이던데.

프랑수아즈
다들 느꼈겠지만,
그러니까 델핀은 우리랑 좀
다르잖아요!

제라르, 릴리안
그래, 알겠어.

바네사
다가오며
델핀이 간대요?

프랑수아즈
응, 갈 거야.

바네사
왜 간대요?

프랑수아즈
뭐, 우리 갈 때 한 번에
가는 게 나으니까.

바네사
하지만 델핀은 파리에 가면
혼자일 텐데요?

프랑수아즈
그거야 난 모르지!

7월 23일 월요일.
생쉴피스 광장.
델핀은 벤치에 앉아 책을 펼친다.
한 남자가 그녀를 뚫어져라 바라보더니
옆에 와 앉는다. 그러자 델핀은
서둘러 자리에서 일어나 광장을
빠져나간다. 남자가 델핀을 쫓아간다.
횡단보도 앞에 멈춰 선 델핀은 그가
계속해서 자신을 바라보는 것을 느끼자
그에게 말을 건다.

델핀
내 사진이라도 갖고 싶어요?

남자
그럼 좋죠. 너무
아름다우신데요. 담배 한 대
피울래요?

델핀은 대답하지 않고 길을 건넌다.
남자는 발걸음을 돌린다.

델핀의 방.

델핀
수화기에 대고
여보세요? 장피에르?
잘 지냈어? 나 델핀이야. 잘
지내고 있는 거야? …난 파리에
있어. 아니, 그건 아니고…
글쎄, 셰르부르는 좀… 좋았지만
뭐랄까… 어쨌든 돌아왔어.
응… 뭐, 너도 날 알잖아…
아니, 나 산에 가도 되는지
당신한테 물어보려고…

7월 25일 수요일.
라플라뉴.
델핀이 짐가방을 손에 들고
버스에서 내리더니 스포츠용품 가게로
향한다. 델핀이 오는 것을 본 한 남자가
가게에서 나온다.

델핀
여기 폴로 있나요?

미셸
안녕, 델핀!

델핀
안녕, 미셸! 잘 지냈어?

미셸
응, 잘 지냈지.

델핀
나도.

미셸
휴가 온 거야?

델핀
응. 파리에서 막 도착한 참이야.
폴로 여기 있어? 폴로가
장피에르 집 열쇠를 갖고
있을 텐데.

미셸
아, 폴로는 지금 계곡으로
내려갔어. 이따 6시에
돌아올 거야. 아마 열쇠도 갖고
있을 거고. 그동안 산책이나
하고 올래?

델핀
좋아. 그래야겠다.

미셸
네 가방은 맡아줄게.

델핀
그럼 이 흰색 모자만 가져갈게.

미셸
그래, 알겠어.

델핀
이따 봐.

델핀은 고개에 오른다. 그곳엔 아직
눈이 쌓여 있다. 안개 속에서 모습을
드러낸 바누아즈 산을 바라본다.
그 모습을 바라보며 얼마간 생각에
잠겨 있다가 산에서 내려온다.

라플라뉴, 늦은 오후.
폴로가 가게 문턱에서 델핀을
기다린다.

폴로
델핀!

델핀
잘 지냈어?

폴로
응. 너는? 잘 왔어?
아파트 열쇠 나한테 있어.

델핀
아냐, 됐어.
이제 필요하지 않아.

폴로
왜 갑자기?

델핀
돌아가고 싶어졌거든.

폴로
왜 돌아가는데?

델핀
싫증이 났어.

폴로
가방들 바람이나 쐬어주자고
여기 온 거야?

델핀
아니. 좀 비참한 기분이 들어서.
너한테 내 가방 있지?
다시 좀 줄래? 난 가야겠어.

폴로
정말 이해가 안 되네.

델핀
가방이나 돌려줘. 괜찮아.
아무 일도 아냐.

폴로
델핀의 가방을 찾아오며
자, 여기…

델핀
고마워. 고마워, 폴로. 미안.

폴로
가방을 건네며
가방들은 바람 잘 쐬었겠네.
건강해졌겠어!

델핀
미안해. 괜찮지?

폴로
원하면 언제든지 얘기해. 열쇠는
계속 여기 있으니까. 잘 가!

델핀
안녕!

7월 26일 목요일.
델핀은 프랑수아즈가 일하는 미용실로
들어온다.

프랑수아즈
안녕, 델핀!

델핀
안녕!

프랑수아즈
산에 갔다 벌써 돌아온 거야?

델핀
응. 하루 만에 다녀왔어.
아침에 갔다가 저녁에
바로 돌아왔거든.

프랑수아즈
저녁에? 너 미쳤구나!

델핀
그게 아니라 도저히
안 되겠더라. 너도 알다시피
라플라뉴에서 혼자 지내는

건 가혹한 일이잖아.
못 참겠더라고. 도저히
견딜 수가 없었어.

프랑수아즈
그럼 이제 뭘 할 건데?

델핀
글쎄…

프랑수아즈
다시 떠날 수 있는 돈은 좀
있잖아.

델핀
문제는 혼자 떠나기 싫다는
거야. 내겐 너무 힘든 일이야.

프랑수아즈
그래도 휴가 막바지에
파리에 있진 않을 거지?

델핀
그게…

프랑수아즈
가장 기대가 없을 때 누군가를
만나게 되는 법이잖아!

델핀
바로 그거야. 난 아무 기대도
없어. 내가 누굴 만날 수
있는지 알고 싶어.

프랑수아즈
알아봐야지!

델핀
아냐. 너한테 바보 같은 소릴
하네. 내가 뭘 원하는지 나도
정말 모르겠어… 혼자 동떨어진
느낌이야.

델핀이 흐느낀다.

프랑수아즈
아냐, 그렇지 않아.
그냥 있어도 돼.

델핀
이거 놔. 어디서?
파리에서 이렇게 혼자?
난 정말 모르겠어…

7월 27일 금요일.
센 강변, 이른 오후.
사람들이 센 강의 둑길 위에서
일광욕을 즐기고 있다. 델핀은
무심하게 그들을 지나친다. 그들도
델핀에게 무관심하기는 마찬가지다.

레알 지구, 늦은 오후.
한 카페의 테라스에 앉아 있던
젊은 여자가 델핀을 부른다.

이렌
델핀!

델핀
자리에 앉으며

안녕, 이렌!

이렌
어떻게 지냈어?

델핀
그럭저럭 지내. 어떻게 여기서
널 만나니! 신기하네…
여기서 뭐 하고 있었어?

이렌
쇼핑을 하러 나왔는데,
이 근처를 지나다가 잠시 쉬는
중이었어. 넌 여기서 뭐 해?

델핀
난 산책하다가 집에 돌아가는
길. 아직도 저쪽 생제르맹에
살거든. 휴가 중인데 지금은
잠시 대기 상태랄까! 더 좋은
곳을 기대하면서 말이야.
둘은 웃는다.
그동안 어떻게 지낸 거야?

이렌
음, 사실 큰 진전이 있었지.
나 결혼했어.

델핀
또?

이렌
그래, 또! 하지만 이번엔
꽤 진지해. 왜냐면…
아기를 낳았거든.

델핀
언제 낳았어?

이렌
어… 17개월 됐어.

델핀
예쁘지?

이렌
응, 예쁘지.

델핀
어때? 좋아?

이렌
응. 좋기도 하고 아니기도 해.
그러니까 어떨 때는…
어쨌든 지금까진 너무 힘들었어.
너무 어려운 일이야…
얘기하자면 길어. 뭐, 그래.
넌 어때?

델핀
난… 난 휴가를 좀 다녀왔어.

이렌
일은 안 해?

델핀
일하지. 그런데 지금은
휴가 중이니까. 아직 2주
남았어. 그런데…

이렌
어디 안 가?

델핀
바로 그게 문제야. 휴가를
갔다가 돌아왔다가 다시
떠났다가 또다시 돌아왔거든…
스스로가 형편없이 느껴져.
파리에서 바보처럼 있거든.
봐, 여긴 날씨가 너무 우중충해.
지금 당장 다시 떠나고 싶은
마음뿐이야.

이렌
날씨가 우중충하긴 하지만,
곧 화창해질 거야!

델핀
나랑 상관없어! 너도
생제르맹에 있는 내 방 어떤지
알지. 날이 좋으면 방이 너무
더워진다니까!

이렌
나한테 좋은 생각이 있어…
좋은 생각이 떠올랐다고!

델핀
뭔데?

이렌
우리 형부가 비아리츠에 집
한 채를 갖고 있는데 거기
집을 너한테 빌려줄게. 사실
매년 나한테 빌려주는데 난
비아리츠는 별로야. 나에게
휴가지로는 적당하지 않아.

난 파리에서 멀리 떠나기가 좀
어렵거든. 그래서 남편이랑 다
같이 도빌로 휴가를 갈 거라…

델핀
너 정말 다정하다.
멋진 제안이야!

이렌
무척 아름다운 곳이야…
게다가 사람들이 정말 많이
찾는 곳이지. 가서 무슨 일이
생길지 누가 알아!

8월 1일 수요일.
비아리츠.
델핀은 그랑드플라주에서 해수욕과
일광욕을 한다. 그녀는 밀물 때에
다시 바다에 들어가지만 높은 파도가
조금 무섭다.
숙소로 돌아온 델핀은 침대 위에
앉아서 접시를 무릎에 올려두고 간단히
저녁을 먹는다. 델핀은 그림과 사진
몇 점을 치워서 서랍 안에 집어넣는다.
오래된 잡지들을 뒤지더니 그중 하나를
꺼내든다. 하지만 읽지 않고 욕실 문에
기대어 생각에 잠긴다.

8월 2일 목요일.
델핀은 등대 부근을 거닐다
상브르다무르로 이어지는 계단을

내려간다. 밀물이 들어왔다. 델핀은
난간에 걸터앉아 동굴 속에서 요란하게
울리는 바닷소리를 듣는다. 이제
항구를 산책 중인 델핀이 보인다.
델핀은 물가의 바위 위에 놓인 카드
한 장을 발견한다. 내려가 그 카드를
주워서 뒤집어본다. 하트 잭이다.

저녁이 되어 해가 진다. 아탈라이 곶을
산책하던 델핀은 난간에 앉아 있는
사람들의 옆을 지난다. 델핀은 계단을
내려가 아래쪽에 자리 잡고 앉아
사람들의 대화를 엿듣는다.

부인3
또 쥘 베른을 읽고
있는 거예요?

부인1
네.

부인3
쥘 베른 작품이 취향에
맞나 보네요! 난 『해저
2만 리』를 다시 읽어봤는데 정말
지루하던데요.

부인1
제가 이 책을 다시 꺼내들어
『녹색 광선』을 읽기 전까지만
해도 저 역시 그의 작품이 정말
지루하다고 생각했어요.
그런데 『녹색 광선』을 읽어보니
무척 흥미롭더라고요.

부인2
저도 『녹색 광선』을
읽어봤는데 정말 좋았어요.
무척 재밌게 읽었죠. 이 책은
뭐랄까, 동화 같았어요. 여자
주인공은 동화 속에 나오는
인물 같았고요. 신데렐라나
백설공주처럼 순박한 인물이죠.

부인3
사랑 이야기잖아요.

부인2
게다가 스코틀랜드가
배경이죠. 전 스코틀랜드를 참
좋아하거든요.

부인1
부인께서는 이 책
읽어보셨나요?

부인4
네, 어렸을 적에요. 하지만 거의
잊어버렸지요. 지금 그 책을
읽고 계신 중인가요?

부인1
다 읽었어요. 읽어보니, 원래
쥘 베른을 별로 좋아하지
않았는데, 이 『녹색 광선』은
뭔가 대단한 책이라는
생각이 들더군요. 왜냐하면
로맨스소설이자 공상소설인
데다, 등장인물들은 정말이지…

부인2
갈구하는 인물들이죠.

부인1
맞아요. 무언가를 찾으려
애쓰죠.

부인2
그런데 녹색 광선을 실제로
본 적이 있으세요?

부인4
네, 전 봤어요. 세 번이나
봤죠. 처음으로 본 건 제가
여덟이나 아홉 살 정도 됐을
때였을 거예요. 라볼에서요.
라볼 가보셨어요?

부인1
아니요.

부인4
정말 아름다운 해변이 있는
곳이죠. 엄청 긴 해변이에요.
7킬로미터는 족히 될걸요.
저는 그곳에 아버지와 함께
있었어요. 바로 그때 아버지가
내게 쥘 베른의 책 얘기를
해주셨죠… 그리고 마침 그날은
정말 맑고 대기가 매우 건조한
날이었어요. 구름 한 점 없었죠.
아버지가 제게 말씀하시더군요.
"우리, 오늘 운이 좋을 수도
있겠다." 그러고서 전 녹색

광선을 봤답니다. 아주 짧은
순간이었죠. 수평선으로 해가
지고 있었는데, 사라지기 전
마지막 순간에 밝은 녹색의 섬광
같은 것이 스쳤어요. 검의 날
같은 빛줄기였죠. 숨 막히게
아름다운 광경이었지만
정말이지 순식간에
지나가버리고 말았어요.

부인2
오늘은 날이 아니겠네요. 하늘
좀 보세요. 안개가 잔뜩 꼈어요.

부인4
안개가 심하고 너무 흐리네요.
오늘은 운이 없겠어요.

부인3
쥘 베른이 책에서 뭐라고 했는지
아세요? 쥘 베른이 말하길, 녹색
광선을 보면 자기 자신의 마음은
물론이고 타인의 마음까지
읽게 수 있게 된대요.

부인4
정말인가요? 그것참 멋진
일이네요. 그게 사실이라면
녹색 광선을 본 사람은 모든 걸
꿰뚫어볼 수 있겠어요!

부인2
그게 바로 여자 주인공에게
일어난 일이죠.

부인3

녹색 광선을 보지 못했지만
결국 자기 자신의 마음을 알게
되잖아요. 그녀가 만난 남자의
마음까지도요.

부인1

부인4의 남편에게 말을 걸며
선생님께서는 녹색 광선에
대해 전혀 말씀이 없으시네요.
이 현상을 알고 계신가요?

교수

오, 그럼요. 아주 잘 알죠.
알기만 하는 게 아니라 녹색
광선을 여러 번 목격했답니다.
아마 지금껏 다섯 번은
될 거예요. 녹색 광선은 아주
드문 현상입니다. 어떤 여름에는
아예 볼 수가 없어요. 대기
조건이 맞지 않아서요. 이를테면
오늘은 볼 수 없는 날이에요.
안개가 자욱하니까요… 구름도
잔뜩 끼었고요. 제 아내가
이야기한 것처럼 대기가
완전히 맑아야만 해요. 그리고
이 현상이 발생하는 이유는
회절… 아니 굴절인가?

부인1

굴절이겠죠?

교수

네, 대기 중 굴절 때문이에요.

좀 더 자세히 설명해드릴까요?

부인1

네.

교수

자, 저기 해가 보이시죠. 그런데
보이는 모습과 실제는 좀
달라요. 사실은 좀 더 아래에
있죠. 태양광선은 대기 중에서
휘기 때문인데요. 태양이
수평선에 가까워질수록
대기 중 굴절이 심해지죠.
태양이 수평선에 닿을 때
실제로는 이미 수평선 너머에
있는 거랍니다. 그래서 태양의
둥근 표면이 좀 더 위에 있는
것처럼 보이죠. 0.5도 정도요.
바로 이게 녹색 광선 현상이
일어나는 첫 번째 이유랍니다.
두 번째 이유는 색의 분산과
관련이 있어요. 프리즘 안에서
보이듯이요. 빛이 프리즘을
통과할 때 스펙트럼이
만들어지는데, 가장 휘어진,
그러니까 가장 굴절된 색이 바로
파랑이죠.

부인1

녹색이라고 말할 뻔했네요.

교수

녹색은 파란색과 가깝죠.
자, 빨강, 노랑, 초록, 파랑,

보라가 있어요. 그런데 파랑과
보라는 매우 희미해요. 우리가
가장 잘 관찰할 수 있는 색은
노랑과 초록이죠. 자, 해가 질 때
태양의 둥근 표면이 약간 위에
있게 되는데, 파란색과 보라색은
빨간색보다 위에 있어요. 그래서
해가 수평선 너머로 사라질 때
우리가 보게 되는 마지막 광선이
바로 녹색인 겁니다.

부인2
그게 바로 녹색이군요!

부인4
경이로운 녹색이죠.

부인2
선생님 말씀을 들으니
이 책에 나온 학자가
떠오르네요. '아리스토불루스
우르시클로스'라는 이름의
학자죠.

부인4
그것참 어려운 이름이네요!

교수
전 그 책을 읽지도 않았는걸요.

부인2
그 인물은 모든 것을 철저히
기술적으로 설명해요. 그리고
그의 앞에는 올리비에
생클레르라는 시인이 있죠.

그는 이렇게 말해요.
"둥근 태양이 바다 속으로
사라진다. 녹색 광선은 없다."

———————————

8월 3일 금요일.
델핀은 포르비유 해변에 누워 있다.
그녀의 짐이 옆자리의 수건 위에 조금
걸쳐 있다. 옆자리의 주인이 돌아온다.
토플리스 수영복 차림의 북유럽
여자다. 델핀은 가방을 치우려고 한다.

레나
아니요, 괜찮아요. 그냥 두세요!

델핀
미안해요!

레나
아, 정말 좋네요! 아직 물에
안 들어가셨어요?

델핀
네, 아직요. 좀 이따 들어갈
거예요. 지금은 일광욕을 좀
하려고요.

레나
이미 예쁘게 탔는데요!

델핀
그런가요?

레나
네, 정말이에요.

델핀
그쪽이야말로 아주 예쁘게
그을렸는데요.

레나
그런가요? 난 잘 모르겠는데.
아직 그럴 리 없을 거예요!

델핀
여기 온 지 오래됐나요?

레나
아뇨. 엊그제 왔어요.

델핀
엊그제요?

레나
네! 이 해변을 잘 아세요?

델핀
저도 여기 온 지 며칠 안 됐어요.

레나
그래요? 휴가 온 거예요?

델핀
네. 휴가 중이에요.

레나
아, 좋네요! 나도요.

델핀
독일인이세요?

레나
아뇨, 아니에요. 한번 맞혀봐…

그새 반말을 했네요.
미안해요. 프랑스어가 서툴러서
많이 틀려요.

델핀
전혀 안 그래요.
다 알아듣겠는데요.
글쎄, 네덜란드인인가요?

레나
아니요. 조금만 더 위로
올라가봐요.

델핀
노르웨이? 스웨덴?

레나
네. 스웨덴 사람이에요.
그럼 당신은,
그러니까 넌 프랑스 사람?

델핀
맞아요.

레나
아, 그렇구나!
프랑스 참 아름다운 나라죠.
하지만 아쉽게도 이 나라를
전부 둘러볼 시간이 있을지
모르겠어요. 왜냐면 이런 식으로
1년에 한 번 휴가 오는 게
다니까…

델핀
프랑스 일주를 하는 거예요?

레나
아니. 그런 건 아니고, 여기
비행기를 타고 왔는데 다음으로
스페인에 가요.

델핀
아, 그렇군요. 그런데 혼자
여행하는 건가요?

레나
응, 맞아요. 오, 난 혼자
여행하는 게 너무 좋아요.
많은 걸 경험할 수 있잖아요.
새로운 사람들도 잔뜩 만나고.
그럼 당신은? 여기 혼자
온 거예요?

델핀은 수영을 한다. 수영을 마치고
물에서 나온 델핀은 가방을 챙겨서
둑에서 자신을 기다리는 레나에게로
간다. 두 사람은 방파제 끝까지 걸어가
난간에 기댄다.

레나
여기 정말 아름답다!
너 춥니?

델핀
약간.

레나
수건으로 몸을 좀 닦아.
이 수영복을 입고
수영하는 거야?

델핀
안 될 게 뭐 있어?

레나
수영복의 윗부분을 만지며
왜 안 벗는 거야? 젖은 수영복을
입고 있으니 춥지.

델핀
아냐, 이것 땜에 추운 게 아니야.
난 괜찮아.

레나
그렇게 생각해?

델핀
응!

레나
일광욕도 이 수영복을 입고 해?

델핀
당연하지.

레나
하지만 그러면 몸에 줄무늬가
남잖아…

델핀
아무리 그래도!

레나
난 아무것도 안 걸치는 게 좋아.
해변을 좀 보라고!
난 글쎄, 그냥 이런 게 익숙해.
스칸디나비아에서는 다들

ÉRIC ROHMER

104

이렇게 반라로 있어…
아, 저기 좀 봐. 여긴 모든 게
아름다워!

델핀
정말 예쁘지!

레나
저쪽에 잘생긴 남자 보여?

델핀
어디?

레나
저기 저 남자 말야. 수영도
엄청 잘해. 괜찮아 보이는데…
안 그래?

델핀
넌 남자들을 관찰하니?

레나
그거야 당연하지. 난 혼자
휴가를 왔잖아. 잘생긴 남자를
찾아야 한다고.
가장 멋진 남자를.

델핀
넌 이미 애인이 있잖아?

레나
내 애인? 넌 애인 없어?
좋겠다.

델핀
그게 왜?

레나
왜냐면 애인이란 존재는 아주
성가시니까. 질투도 심하고.
어느 쪽으로도 눈을 돌리지
못하게 하잖아. 그가 언제나 날
바라보면서 졸졸 쫓아다니니까.
계속 혼자 지내는 게 별로인
건 맞지만, 한 사람과 너무
오랫동안 함께하는 것도
마찬가지야. 넌 쭉 혼자였어?

델핀
아! 아니, 그건 아니지…

레나
결혼을 약속한 사람이 있었어?

델핀
응, 그랬지. 한 남자를 오랫동안
만났는데 이제는 아니야.

레나
무슨 일이 있었는데?

델핀
그냥 결국 그렇게 된 거야.
혼자가 된 거지.

레나
차인 거야?

델핀
아냐!

레나
그럼 네가 그 남잘 떠났어?

델핀
아니. 인생이란 게 그렇잖아!

레나
그래. 복잡하지.

델핀
지금은 휴가잖아!
즐겨야지!

레나
맞아. 하지만 네가 하루 종일
집에만 있으면…
저녁에 밖으로 나와야 해!

델핀
밖으로? 어딜?

레나
응. 춤추러 가고 싶지 않아?
별로 그러고 싶지 않나 보구나.
나가서 남자들 좀 꼬셔야지.

델핀
꼬신다고?

레나
그래!

델핀
꼬시다고? 꽂힌다고?

레나
꼬신다고, 꼬셔! 아, 난 정말
그러고 싶어! 저기 좀 봐.
저 남자 장난 아닌데.

델핀
난 이상형을 찾기가 어렵더라.

레나
네 이상형이 어떤 사람인데?

델핀
그게 그러니까…

레나
이를테면 넌…

델핀
내 이상형은 로맨티시스트야.
낭만적인 사람이 좋아.

레나
그럼 돈은 별로
상관없다는 거네.

델핀
그럼. 돈은 중요하지 않아.
내가 늘 믿어왔던 건…
아냐, 어쨌든 낭만적인 사람이
내 타입이야.

레나
그럼… 뭐 촛불 켜놓고
저녁 식사 하고 이런 걸
좋아하겠구나…

델핀
아니, 촛불을 켜는 그런 걸
말하는 게 아니야. 난 늘
생각해왔어. 바닥을 치게 될 때,
바로 그때 무언가…

카페, 늦은 오후.
델핀과 레나는 해변이 내려다보이는
카페의 테라스에 앉아 있다.

레나

그럼 도대체 넌 이를테면
누군가, 어떤 잘생긴 남자가
지나가는 걸 볼 때 그 남자가
너한테 괜찮은 사람일지
어떻게 알아? 그 사람이 네게
다가와서 말을 걸기 시작하면
네 이상형이란 걸 어떻게 느끼는
거야? 그 사람을 좋아하는지
좋아하지 않는지 어떻게
알 수 있어? 네 맘에 들지도
모르는 사람을 네가 바라보지
않는다면…

델핀

나도 봐. 안 믿는 거야? 나도
충분히 본다고. 난 사람들을
많이 바라봐. 하지만 그것 말고
나머진 모든 게 흐릿해.

레나

모든 게 틀렸다고?

델핀

모든 게 흐릿하다고.

레나

왜 흐릿해?

델핀

글쎄, 난 그렇게 적극적이고
실행력 있는 사람이 아니야.
난 사람들을 지켜보지만,
누군가를 찾거나 무언가를 얻기
위해서 절대 결단력 있게 나서지
않아. 내가 틀렸을 수도 있지.

레나

사람들이 너에게 다가올 때까지
기다리는 거야?

델핀

그건 아니래도.

레나

이상형은 그냥 오지 않아!
나서서 뭐라도 해야 하는
거라고.

델핀

나한테는 막연한 일이야.
그런 건 다 그저 말일 뿐이라고.
넌 "나서서 뭐라도 해야" 한다고
말했지. 이미 들은 얘기야.
파리에 있는 친구들이 이미 내게
했던 말이라고. 나서서 뭐라도
해야 한다, 찾아 나서야 한다,
이런 건 다 그냥 말일 뿐이야.

레나

찾아는 봤어? 근데 난 결국
찾아야 하는 게 아니라고 봐.
느껴야 하는 거야.

넌 느끼니? 사람들이랑 말을
할 때 어떤 걸 느껴? 여자든
남자든 말이야.

델핀
그럼 나도 느끼지…
난 사람들에게 매우 열려 있어.
그걸 느껴. 난 언제든 어울릴
준비가 되어 있고, 얘길 듣고
싶어 하고, 마음이 열려 있는
사람이란 걸.

레나
하지만 때때로 실망을 하지?

델핀
그러기도 하고 안 그러기도 해.
어떤 특별한 일이 일어나지
않았다면 난 결코…
뭐, 어쨌든 난 사람들 이야기에
귀를 기울이고, 그들이
존재하는 걸 지켜봐.
그렇지만…

레나
하지만 사람들을 무턱대고
믿을 순 없는 거야.

델핀
아니, 믿을 수 있지.

레나
입에 문 담배에 불을 붙이느라
웅얼거리며
그렇게 생각 안 해.

델핀
뭐라고?

레나
난 그렇게 생각 안 한다고.

델핀
그럼 넌 사람들을
안 믿는다는 거야?

레나
응, 난 그래.
난 사람들을 갖고 놀지.

델핀
그게 무슨 소리야?
뭘 어쩐다고?

레나
그러니까 내 말은 정말 좋은,
괜찮은 사람을 찾으려면 네
진짜 속마음을 바로 보여줘선
안 된다는 거야.

델핀
그럼 넌 뭘 보여주는데?

레나
그저 즐기며 사는 거야.
난 사람들의 반응을 살피지.
그런 다음 결론을 내려. 좋은지,
그 정도면 괜찮은 건지. 왜냐면
이건 카드놀이 같은 거거든.
네 손에 쥐고 있는 걸 바로
내보여선 안 되는 거야.

델핀
난 아무것도 손에 쥐고 있지
않은걸.

레나
아니, 분명 너도 뭔가 갖고
있을 거야!

델핀
나한텐 아무것도 없어.

델핀은 울기 시작한다.

레나
델핀! 슬퍼할 거 없어. 왜 그래?
왜 우는 거야? 걱정은 잊어.

델핀
걱정은 잊고 있어. 그런 생각은
하지도 않았다고. 사람들은
자꾸 뭘 보여주라지만 난 정말
모르겠어! 나한텐 아무것도
없다고. 내게 뭔가 보여줄
게 있었다면, 사람들이 먼저
알아봤겠지!

레나
사람들이 뭘 어쩌길래?
신경 쓰지 마.
그렇게 생각하지 마!

델핀
난 너랑 다르잖아. 너 같은
여자애가 아니라고. 난 정말…
나에게 그런 건 죄다 어려운

일이야. 난 너 같은 보통 애가
아니라고! 난 말야…
나한테 보여줄 게 있었다면
사람들이 그걸 봤겠지. 내가
버림받는다면 그건 당연한 거야.
그냥 내 잘못인 거라고.
난 노력을 해. 사람들
이야기를 들으려고 하고, 대화도
하려고 한단 말이야. 열려 있는
사람이니까.
난 귀를 기울이면서 무슨 일이
일어나는지 살펴…
사람들이 나에게 다가오지
않는다면 그건 그냥 그런 거야.
난 그럴 가치가 전혀 없는
사람이라는 거고, 또…

레나
델핀! 걱정은 다 잊어버려.
모든 걸 잊고, 오늘 밤에 즐겁게
노는 거야!
근처 테이블의 두 남자를 바라보며
저기 봐!
오늘의 희생양들이 있어.

피에로
안녕하세요!

조엘
안녕! 오늘 저녁에 뭐 해요?

피에로
그쪽으로 가서 같이 앉아도
될까요?

두 남자는 자리에서 일어나
델핀과 레나에게로 온다.

레나
그럼요!

조엘
추워요?
어느 나라에서 왔어요?

레나
나요?

조엘
네.

레나
아, 난 스페인 사람이야.

조엘
스페인어로
스페인어 좀 해?

레나
스페인어로
응. 너도 스페인어 좀 하니?

조엘
프랑스어와 스페인어를 섞어서
아니. 프랑스어를 하지!

레나
내가 스페인 사람인 줄 알았어?

조엘
아니. 스웨덴 사람이라고
생각했어요.

레나
아니야!

조엘
스웨덴 사람 맞죠?

레나
절대 아냐!

조엘
그럼 핀란드 사람?

레나
틀렸어.

조엘
그럼 도대체 뭐예요!

레나
난 독일 사람이야.

레나의 귀에 꽂혀 있던 꽃이 떨어진다.
조엘은 꽃을 주워 레나에게 건넨다.

조엘
꽃을 좋아해요?

레나
정말 좋아하지.

조엘
이 꽃 선물할게요.

레나
이건… 내가 슬쩍한 꽃인데!

조엘
그런데 지금 뭐 하는 중인가요?

친구랑 휴가 온 거예요?

레나
아니.

조엘
그럼 혼자?

레나
응. 우리 둘 다 혼자 왔어.

조엘
이름이 뭐야?

레나
난 레나야. 네 이름은?

조엘
조엘.

레나
조엘. 그럼 넌 이름이 뭐야?

피에로
나? 피에로.

레나
피에로? 피에로는 서커스에
나오는 그 이름 아니야?

피에로
피에로? 그런가.

레나
맞아. 광대 말야!

피에로
아, 그 흰색 광대!

레나
그럼 광대는 오늘 저녁에 뭐 해?

피에로
글쎄!

조엘
아직 안 정했어. 너희
하는 거 봐서 정하지 뭐. 너희가
하고 싶은 걸 할게.

레나
우리도 뭘 할지 아직 안 정했어.

조엘
그럼 같이 정하자.

레나
그럴까.

조엘
그러자.

레나
델핀, 넌 어떻게 생각해?

델핀
난 아무 생각 없어.

피에로
아무 생각도?

델핀
그래요.

조엘은 입고 있던 니트 속에서
담뱃갑을 꺼낸다.

레나
담배를 재미있게 피우네.
담배를 어디에 두는 거야?

조엘은 피에로에게
담배 한 대를 건넨다.

조엘
담뱃갑을 다시 집어넣으며
바로 여기지!

레나
상의의 팬 부분을 가리키며
보통 여자들이 이렇게
하지. 나도 여기에 담배를
넣어둘 수 있어. 하지만 지금은
꽃으로 만족할래.
레나는 갖고 있던 꽃 한 송이를
상의 어깨 끈에 꽂는다.

조엘
아, 예쁘다! Nice!

레나
Very nice! You like?

조엘
Ya, I like!

레나
Ja?
그건 독일어잖아!

조엘
Ya, 이건 영어야!

레나
독일어로
Ja는 틀림없는 독일어라니까…

조엘
영어와 독일어를 섞어서
너 독일어 할 수 있어?

레나
독일어로
응, 나 독일어 해.

조엘
영어와 독일어를 섞어서
난 독일어 못해!

레나
델핀, 얘들 진짜 재밌다!
조엘에게
넌 프랑스 사람이잖아.
난 영국 사람이야.

조엘
Are you English?

레나
Yes.

조엘
I speak English.

레나
You speak English?

조엘
Ya.

레나
You speak very well English.

조엘
Ya… What do you do tonight?

레나
I don't know…
We like to go to dance…

조엘
Ya! Ya!
둘은 흥얼댄다.
Move dance! Move dance!

레나
델핀?

조엘
델핀은 슬퍼 보이네.

레나
사실 오늘
델핀 기분이 별로야.

조엘
왜? 무슨 일 있어?

레나
모르지! 하지만
어쨌든 우린 오늘 저녁 신나게
즐기기로 했어!

조엘
즐기기로 했다고?
그거 좋지! 델핀도?

레나
당연하지!

조엘
델핀 생각은 어떤데?

레나
너희는 뭐 할 건데?

피에로
어딜 가려고 했냐면…

레나
어디 갈 건데?

피에로
바스크 해안가에 공연을 하는
작은 술집이 있어.

레나
그거 멋진데.
델핀, 공연을 한대!

조엘
나도 음악을 해.
난 시인이자 음악가지.

레나
정말?

조엘
낭송하며
"프랑스를 희망이 넘치는
약속의 땅으로 만들자."

레나
아, 그럼 난 뭔 줄 알아?

조엘
아니. 영국 사람이잖아.
알려줬다시피.

레나
아니 내가 하는 일 말야.
나도 음악을 해.

조엘
그래?
어떤 악기를 연주해?

레나
피아노.

조엘
피아노 치는 흉내를 내며
붐, 붐, 붐, 붐, 붐, 붐…

레나
따, 따, 따, 따, 따, 따,
따, 따, 따, 따, 따…

조엘
I play guitar!

레나
I don't play,
프랑스어로
난 연주하지!

조엘
I play!

레나
Are you playing?

조엘
I play guitar.

레나
You play guitar in a group?

조엘
아니. Me too! Only me…
노래 부르며
Only you…

레나
That makes life…

조엘
Speak French, O.K?

레나
Tell me what you speak,
that's… We have to speak
what you speak.

조엘
그래, 좋아. Speak French so!

레나
이제 무슨 얘길 할까?

조엘
글쎄. 네가 원하는 대로.

레나
보통은 뭘 하고 지내?
친구는 많아?

조엘
그럼.

피에로
난 아는 사람이 아무도 없어.

레나
여기로 휴가 온 거야?

조엘
난 아니야. 여기 살아.
우린 바욘 축제에서 만났어.
거기서 친해졌지.

레나
바욘이 뭐야?

조엘
도시 이름이지. 큰 도시인데.

레나
소시지 이름 아냐?

조엘
아니, 아니야. 그건 잠봉드바욘.
노래 부르며
"잠봉은 맛이 좋다네,
우리가 젊을 적에는."

레나
그거 정말 웃기다!

조엘
"잠봉은 맛이 좋다네…"

레나
햄버거 같은 거네!

조엘
함부르크 출신이야?

레나
햄버거!

조엘
아, Ya!

레나
델핀? 델핀? 넌 뭐 하고 싶어?

델핀은 일어서더니 서둘러 자리를
뜬다. 그녀는 해변으로 이어지는
계단을 뛰어 내려간다.

피에로
델핀을 쫓으려 뛰어 나가며
델핀!

조엘
델핀!

피에로는 계단 아래에서 델핀을
따라잡는다.

피에로
델핀, 잠깐만!

델핀
도대체 왜 이러는 거야, 정말!

피에로
다른 이유 없어! 우리 넷이
함께 있었잖아. 같이 즐길 수도
있었는데…

델핀
도대체 왜? 난 너희들이랑
어울리고 싶은 마음 없어.

피에로
같이 음악도 들으러 가고…

델핀
하고 싶지 않은 일을 내가 왜
억지로 해야 하지?

피에로
모르겠어. 글쎄, 네가 내 마음에
와닿아서… 난 여기서 혼자
지내. 아무도 아는 사람이 없어.

델핀
그렇다고 꼭 날 알아야 할
필요는 없지!

피에로
같이 산책하면 어떨까.
모래사장을 걸으면서… 너한테
나쁜 마음 품은 거 없어.

델핀
싫다니까!

피에로
그러지 말고!

델핀
난 안 되겠어. 갈게!

델핀은 뛰어가버린다.

―――――――――

숙소, 밤.
델핀이 안으로 들어와 불을 켜고는
수화기를 든다.

델핀
여보세요…
네, 안녕하세요. 비아리츠 역
전화번호를 알고 싶은데요…
25 52 03…
네, 감사합니다.
델핀은 수화기를 내려놓자마자 다시
집어 들어 역으로 전화를 건다.

―――――――――

8월 4일 토요일.
비아리츠 역.
델핀이 역 안으로 들어온다.
현재 시각은 오후 3시 33분이다.
알림판을 확인한 델핀은 파리행
열차가 떠났다는 사실을 알게 된다.
짐가방을 든 델핀은 의자에 앉아
책을 읽으며 다음 기차를 기다리기로
한다. 그때 한 남자가 다가오더니
델핀 근처에 앉는다. 두 사람은 서로의
얼굴을 뚫어지게 바라본다. 남자는
델핀이 읽고 있는 책의 제목을 본다.

델핀
제가 읽는 책이 뭔지
궁금하신 거예요?

자크
네, 그러니까…
아니요, 사실 아는 책이에요.
도스토예프스키의 『백치』네요.
같이 앉아도 될까요?

델핀
네, 그럼요.

자크
델핀의 옆에 앉으며
다 읽어가네요?

델핀
네, 거의요.

자크
재밌던가요?

델핀
역에서 책을 읽으면 집중이
안 되네요.

자크
역을 싫어하세요?

델핀
떠나는 걸 싫어해요.
파리로 돌아가는 길이거든요.
별로 돌아가고 싶지 않아서요…

자크
파리에 사세요?

델핀
네, 파리 사람이에요.
비아리츠로 휴가를 와서 며칠을
보낸 참이에요. 당신은요?

자크
전 생장드뤼즈로 주말을 보내러
가는 길이에요. 길게는 아니고

이틀 정도요. 월요일엔
복귀해야 해서요.

델핀
어디로 복귀하는데요?

자크
지금 연수 중이에요.

델핀
뭘 하시는데요?

자크
가구세공을 해요.
가구상에서 실습하고 있죠.

델핀
전 비서로 일해요.
딱히 재밌는 일은 아니에요.

자크
왜요? 그런가요?
뭐, 어쨌든 역에서는 좀 기분이
우울해지는 법이죠.

델핀
생장드뤼즈는 여기서 먼가요?

자크
아니요. 5분 거리예요.
정말 아름다운 곳이죠!
작은 어촌 항구 도시인데.
가보셨어요?

델핀
아니요.

자크
비아리츠에서는 뭘 하셨어요?

델핀
별거 안 했어요. 해변에 갔었죠.
그랑드플라주 아시죠?

자크
그럼요.

델핀
전 여기서 얼마 지내지
않았어요.

자크
그래요?

델핀
네. 사실 휴가를 망쳤거든요.

자크
왜요? 날씨가 별로였나요?
왜 웃으세요?

델핀
사실 웃을 일이 아니에요…
전 파리로 가려고 했거든요.
파리로 가야 하는데, 그게…
그러니까…

자크
그런데 왜요?

델핀
생장드뤼즈는 가본 적이
없어서요.

자크
정말 아름다운
곳이라니까요!

델핀
오늘 밤에 기차를 탈 수 있겠죠?

자크
그럼요.
밤 기차가 있으니까요!

델핀
그렇죠. 그런데 제 말은…
그러니까 제가 궁금한 건
그게 다가 아니에요…
절 데려가주실 건가요?

자크
네, 그럼요. 물론이죠!

생장드뤼즈 항구.
두 사람은 항구를 따라 거닐다가 어느
카페테라스에 앉아 목을 축인다.

델핀
난… 난 남자들을 경계해요…
내가 이상한 거겠죠…
난 남자들을 만나지 않아요.
더는요. 같이 술 한잔하거나
시시덕거리거나, 그게 아니면
나랑 같이 자고 싶어서
쫓아오는 남자들뿐이거든요.
그래서 모두를 거부하는 거예요.

자크
그럼 그쪽은 절대 남자에게
먼저 다가가지 않나요?

델핀
네, 맞아요. 예외는
그쪽뿐이에요. 내가 왜 그랬는지
모르겠지만… 그치만 후회는
안 해요. 하지만 동시에 위험을
감수하고 있죠. 무슨 일이
벌어질지 모르는 거니까요!

자크
남자에게 사랑을 느껴본 적이
한 번도 없어요? 왜냐면 조금
전에 모든 남자들이 그쪽을 보고
사랑에 빠졌다고 했잖아요.
그러니까 내 말은…

델핀
아, 난 그 남자들이 사랑에
빠졌다고 말한 적 없어요!

자크
네. 그러니까…

델핀
그 반대예요. 전혀 그렇지
않아요. 그 남자들은 날 보고
사랑에 빠진 게 아니에요.
어느 날 그냥 날 보고 쫓아온
거죠. 그건 사랑이 아니에요.
왜냐면… 난 남자가 뭘 원하는지
너무나 잘 알아요. 정말 별거

아니죠. 그러니까… 남자가
날 보는 시선이 정말 별게
아니라는 걸 알아요. 남자는
피상적인 것을 본 거고, 내가
자기에게 그걸 주길 바라는
거예요. 정말 무의미한
일이라고 생각해요. 날 제대로
보는 남자는 드물어요. 그런
남자라면 나도 다가가고 싶고
또 그 남자와… 네, 나도 사랑을
해봤어요. 지금껏 세 번 사랑에
빠졌죠. 세 번이요. 당신은 지금
사랑하는 사람이 있나요?

자크
아니요. 하지만 그러길 바라죠…
그런 일은 생길 수 있잖아요.

델핀
풋…

자크
왜요?

델핀
아무것도 아녜요…
난 정말 바보예요!

자크
아닐 거예요.

델핀
맞아요. 난 남자를 만난 지 정말
오래됐어요. 사실 내가 원한
것이기도 해요. 정말이지…

함께하고 싶은 사람이
없다면 그냥 혼자 지내기로
결심했거든요. 외롭다고 해서
아무나 잠깐 만나 그렇게
여기저기 다니고 나면, 그 뒤엔
더 깊이 외로움을 느끼잖아요…
저녁에 집에 돌아왔다고
생각해봐요. 어떤 남자를 만나
하룻밤을 보냈는데, 그 남자는
그 일이 아무렇지도 않고,
그건 본인에게도 마찬가지죠.
누구에게도 의미 있지 않은
거예요. 난 그게 외로움을
견디는 것보다 끔찍한 일이라고
생각해요… 그러다 이런 생각이
삶의 윤리가 되어버리는 거죠.
일종의 원칙처럼요. 그렇게
오랫동안 혼자 외롭게 지내면서
어떤 남자도 만나지 않게 되죠.
우울하긴 하지만, 그러면서 자기
자신 안에서 순수를 지켜나가는
거예요. 왜냐하면 내가 지닌
작은 에너지를 잃지 않고, 계속
꿈꾸며 기다릴 수 있으니까요.
더 나은 것… 그러니까 현실보다
더 나은 무언가를 기다리는 편이
나으니까요. 희망을 부숴버리는
것보다는… 아, 말이 너무
많았네요. 사실 전 아무것도
기다리고 있지 않은 것 같아요.
아, 정말 지겨워요.

두 사람은 해변가를 함께 거닌다.
델핀은 '녹색 광선'이라는 이름의
간판을 단 가게를 발견하고는
그 자리에 멈춘다.

델핀
아, 정말 안 믿기네요!

자크
뭐가요?

델핀
얘기해도 모를 거예요.
이해 못 하시겠죠. 나랑 저쪽에
가서 해 지는 걸 함께 보지
않을래요? 괜찮아요?

두 사람은 바다로 둘러싸인
땅끝까지 걸어간다. 생트바르브 곶에
있는 벤치에 앉는다.

자크
월요일에 일하세요?

델핀
아니요. 아직 휴가가 며칠 더
남았어요.

자크
나랑 바욘 근처에서 며칠간 함께
지내지 않을래요?

델핀
지금 날 우습게 보는 거예요?
농담이죠?

ÉRIC ROHMER

120

자크
농담 아니에요.

델핀
맞잖아요!

자크
내가 뭣 때문에 농담을
하겠어요?

델핀
그럼 왜 내가 당신과 함께
며칠을 보내길 바라는 거죠?

자크
그거야 그러고 싶으니까요.
그게 다예요. 간단한 이유죠.
그냥 흘러가게 둬봐요.
같이 가요!
싫어요?
가겠다고 대답해줘요…

델핀
아니, 좀 기다려봐요!

자크
같이 가면 정말 기쁠 거예요.

델핀
아니요. 좀 기다려요.
아주 조금만 기다리면
되니까요.

자크
뭘요?

델핀
잠시면 돼요.
조금만 더 기다려줘요.

자크
아니, 도대체 뭘
기다리는 건데요?

델핀
'녹색 광선'이 뭔지 알아요?

자크
아니요. 그게 뭐죠?

델핀
저무는 해가 마지막으로
내뿜는 광선이에요. 쥘 베른이
책에 쓴 적 있죠.

자크
아, 난 그 책을 안 읽어봤어요…
행운을 가져다주는 건가요?

델핀
좀 달라요. 그걸 보면 우린
알 수 있대요…

자크
뭘 말인가요?

델핀
좀 이따 말해줄게요.

자크
뭔가를 알 수 있다면서요.
그게 뭔지 알고 싶네요.

델핀
나도 마찬가지예요.

자크
뭔지 알 것도 같아요.

그때 해는 수평선 너머로 사라지려
한다. 델핀은 울음을 터뜨린다.

자크
우는 거예요?

델핀
울지 말아야 하는데!

자크
저길 봐요.
조금만 기다려봐요.

해가 바닷속으로 완전히 모습을
감추는 순간, 마지막 빛의 조각이
녹색으로 물든다.

델핀
됐어!

●

L'Ami de mon amie

내 여자친구의 남자친구

개봉 ☞ 198/년 8월 26일
러닝타임 ☞ 1시간 43분

블랑슈 ☞ 에마뉘엘 숄레
레아 ☞ 소피 르누아르
아드리엔 ☞ 안로르 뫼리
파비앙 ☞ 에릭 비에야르
알렉상드르 ☞ 프랑수아에릭 장드롱

영상 ☞ 베르나르 뤼티크
영상보조 ☞ 사빈 랑슬랭, 소피 맹티뇌
음향 ☞ 조르주 프라트
음향보조 ☞ 파스칼 리비에
사운드믹싱 ☞ 도미니크 엔캥
편집 ☞ 마리아루이자 가르시아
편집보조 ☞ 안 물라엠, 아니크
    위르스트
음악 ☞ 장루이 발레로
현장진행 ☞ 프랑수아즈 에셰가레
제작사 ☞ 레필름뒤로장주

컴퓨터공학대학.
레아가 수업을 듣는다.

"내 친구의 친구는
내 친구이기도 하다."

프랑스 전력공사.
알렉상드르는 통화 중이다.

알렉상드르
여보세요? …도청이죠?
…시설과 연결 부탁합니다.
네, 전력공사입니다…

실험실.
파비앙이 기계를 조작한다.

세르지프레펙튀르.
그랑플라스 전경이 보인다.

국립예술학교.
아드리엔이 작품의 부품을
조립하고 있다.

시청.
블랑슈는 자신의 사무실에서
통화 중이다.

시청 구내식당.
블랑슈는 점심 식사 중이다.
레아가 식판을 들고 다가온다.

블랑슈
여보세요? …네 …그러니까
마지막 문단에 수정사항이
있어요. 이렇게 고쳐주세요.
"81만 2000프랑을
지원하기로 한 문화부의 공약이
번복되지 않길 바라며…"

레아
여기 앉아도 될까요?

블랑슈
네, 그럼요!

레아
다른 데 앉으라고 하셔도 돼요.

자리기 있으니까요. 하시만
혼자 앉으면 늘 남자들이 귀찮게
달라붙어서요.

블랑슈
아, 여긴 안전할 거예요!
여기 직원이세요?

레아
아니요. 누가 여기 식권을
줬거든요. 그래서 좀
어색하네요… 아무래도 전
그냥 다른 데 앉는 게 낫겠어요.
편하게 식사하세요.

블랑슈
아니에요. 정말 괜찮으니
앉으세요. 전 혼자 먹는 걸
좋아하지 않거든요.

레아
저도 그래요. 하지만 항상 같은
사람들과 먹는 것도 좋아하지
않죠. 그래서 매일 식사 장소를
바꿔요. 이 근처 식당이란
식당은 다 가봤죠. 회사
구내식당도요. 점심은 늘 간단히
해결하는 편이에요.

블랑슈
저도 그래요. 그러니까,
보통은요. 그런데 오늘 아침엔
우체국에 들러야 해서 아침을
먹을 겨를이 없었네요.

레아
학생이세요?

블랑슈
아니요. 시청 직원이에요.
문화과에서 일해요.

레아
그렇군요!
전 아직 학교 다녀요.
컴퓨터공학대학이요.
아시죠?

블랑슈
아, 네. 바로 옆에 있는?

레아
졸업반이에요. 졸업까지
이제 한 달 남았네요. 그 뒤엔
자유로운 생활도 끝이죠!
'방랑벽'이 있다고 하는 게
낫겠어요. 공부를 안 할 땐 늘
여기저기 돌아다니거든요.

블랑슈
나랑 같네요…
나도 무척이나 돌아다니죠.

예술의 광장.
블랑슈와 레아는 상점가가
내려다보이는 낮은 담 위에 앉는다.

레아
넌 어디 살아?

블랑슈
생크리스토프.
벨베데르에 살아.

레아
아, 그 엄청 큰 건물?
우리 이웃이네.
난 로제르에 살거든.

블랑슈
그래? 세르지빌라주 근처?

레아
맞아. 거기 살아. 나의 정착지 중
하나지. 사는 곳은 맘에 들어?

블랑슈
응, 아주 좋아.

레아
별로일 것 같은데.
집들이 다닥다닥 붙은 게
꼭 군대 숙소 같잖아.

블랑슈
오히려 난 궁전 같던데.

레아
겉에서 보면 궁전이지.
안은 어떤데?

블랑슈
와본 적 있어?

레아
아니. 그치만 상상이 돼.

블랑슈
안 그래. 이웃집들과 정말
잘 분리되어 있어. 작은
건물에 사는 것보다 훨씬 더!
그러고 보니 내가 무슨 전단지에
나오는 것처럼 광고를 하네.
어쨌든 큰 호텔에서 사는
기분이야. 안심이 되지.

레아
물론 그렇겠지. 네가 거기
있지 않는다면! 난 지금
말하자면 임시 거처에 머무는
중이야. 친구 집에서 지내는
중이거든. 남자친구 집.
진짜 사는 곳은 생제르맹앙레에
있는 부모님 집이고. 가끔씩
자러 가. 보통 주말에.
처음엔 가끔 파비앙도
데려갔는데 거길 별로
안 좋아하더라고. 우리 부모님은
걔를 좋아하는데 말이야.
내 남자친구는 토요일과
일요일에는 늘 운동을 하러
가는데, 난 운동은 별로…
특히 수상스포츠!
물을 싫어하거든. 넌?
넌 남자친구 있어?

블랑슈
아니. 지금은 없어.
여기에도, 파리에도, 지방에도.
난 지방 출신이야.

레이
사귄 적은 있고?

블랑슈
당연하지! 하지만 지금은
완벽한 솔로야. 만나는 남자가
아무도 없어.

레아
네가 잘하는 거야. 네 시간을
너를 위해 쓰는 거잖아.
그래도 친구들은 있지?

블랑슈
딱히 그렇지도 않아.
그게 내게 부족한 유일한 거야.
왜냐면 지금 애인은 별로
급하지 않거든.
손목시계를 본다.
이제 그만 가봐야겠어.
그렇긴 해도 사실 일하는 시간은
내가 정해. 말 그대로 꿈의
직장이지. 상사도 부하직원도
없거든. 직속상관이랄 만한
사람도 없고, 특별히 비서를
둔 것도 아니지. 난 그냥
내 일만 잘하면 되는 거야.
가끔은 점심시간까지 못 쉬고
일을 하기도 해. 물론 쉬어가며
일하는 게 좋겠지…
물을 싫어한다고 했나?

레아
물? 마시는 물?

아, 수영?
응. 난 물을 무서워해.

블랑슈
그럼 수영장도 안 가?

레아
절대!

블랑슈
위험한 곳이 아닌데.

레아
알아. 하지만 소독약 냄새에,
북적이는 사람에…
으, 난 싫어! 게다가 어렸을 때
물에 빠졌던 적이 있어서
더 그래.

블랑슈
수영할 줄 몰라?

레아
하긴 하지. 그런데 엄청 못해.

블랑슈
수영할 줄 알면 확실히
물이 무섭지 않을 거야.

레아
그렇겠지. 하지만 물에
들어가는 것부터가 문제야.
사실 나도 수영을 잘하고
싶긴 해. 파비앙은 인생의
절반을 물속에서 보내는
사람이거든.

블랑슈
그 사람한테 배울 수 있잖아?

레아
그렇지. 하지만 내가 사절이야.
나를 좀 더 엄격하게
다룰 수 있는 사람에게라면
배울 수 있을 텐데. 그런데
내 남자친구는 그런 쪽이랑은
거리가 멀거든.

블랑슈
있잖아, 난 수영장에 자주 가.
보통 점심시간에 밥을 먹는
대신 거길 가지. 그때 가면
사람도 별로 없고 푹 쉬다 올 수
있거든. 게다가 이맘때는 날씨가
좋아서 정원 쪽 문을 열어둬.
그럼 일광욕도 하고 올 수 있어.
사실 내가 좀 잘 가르치는
편이야. 네가 물에 대한
공포심을 극복할 수 있게 차근히
가르쳐줄 수 있을 것 같은데.
한번 해볼래?

레아
그래, 좋아! 왠지 네 말이
믿음이 가. 하지만 미리
경고하는데, 너 아주
고생할 거야.

블랑슈
아니, 재밌을 것 같아.
내가 확신하는데 휴가

떠날 때쯤이면 넌
물고기처럼 헤엄칠걸!

수영장.
블랑슈는 레아에게 수영을 가르쳐준다.
물에서 나온 레아는 알렉상드르를
발견한다.

레아
알렉상드르!
블랑슈를 소개하며
이쪽은 블랑슈…
아까부터 여기 있었어?

알렉상드르
아니, 좀 전에 왔어.

레아
우린 이제 가려고!

알렉상드르
그래, 그럼 다음에 봐!
근데 너 여기 자주 와?

레아
아니. 넌?

알렉상드르
아주 가끔.

레아와 블랑슈는 잔디밭으로 나간다.
알렉상드르는 두 사람에게 가볍게
인사한다. 아드리안이 수영장에 발을
담그고 앉아 있다. 알렉상드르는

L'AMI DE MON AMIE

그녀의 손을 잡아 일으켜주는 척하다가
갑자기 물속으로 밀어버리고는
자기도 뛰어든다.

블랑슈
저 남잔 누구야?

레아
파비앙 친구.
전력공사 엔지니어야.
알렉상드르,
참 잘생겼지! 관심 있어?

블랑슈
뭐… 눈에 띄는 사람이잖아.
실은 시내에서 본 적 있어.

레아
그래, 걔는 모든 여자들을
뒤돌아보게 만들지.
근데 난 별로더라. 내가 보기에
네 타입도 아닌 것 같은데.

블랑슈
네가 어떻게 알아?
날 잘 모르잖아.

레아
쟤랑 어울리는 여자애가
아니란 걸 느낄 만큼은 알지.

블랑슈
내가 못생겨서?

레아
아니, 전혀! 넌 쟤가 보통

만나고 다니는 여자들보다
백배는 나아. 쟤는 여자를
고르지도 않아. 그냥 눈앞에
있는 여자를 만나지. 여자들이
먼저 다가오길 기다리는
거야. 그런데 난 늘 남자가
다가오길 기다리거든. 그러니
우리 둘이 만날 확률은 거의
없다고 봐야지.

———————————

블랑슈의 사무실.
레아가 수업을 마치고 블랑슈를 만나러
그녀의 사무실로 찾아온다.

———————————

그링플라스.
레아와 블랑슈는 파비앙을 만난다.
레아가 두 사람을 서로에게 소개한다.

레아
이쪽은 파비앙.
여기는 블랑슈, 내 수영 선생님.

블랑슈
형편없는 선생이죠.
지난번엔 너무 다그친 것
같아요.

레아
아냐. 차근히 아주 잘
가르쳐줬다고. 난 별로
힘들지 않았어.

파비앙
익숙하지 않을 땐 보통 그렇지.
하지만 다음번엔 몸에 힘이
잔뜩 들어갈걸.

레아
그만해! 내 선생님도 아니면서!
자, 그럼 우리 이따 어디서 볼까?

파비앙
누구? 나? …너 수영장 가려고?

레아
아니. 거긴 안 가.
블랑슈가 쇼핑하러 간다길래
같이 가려고.

파비앙
난 여기로 다시 돌아올
생각 없었는데.
블랑슈에게
미안해요. 안 그럼 우리가
늦어서요. 우선 퐁투아즈로
갔다가, 초대받은 곳이 있어서
파리로 가야 하거든요.

레아
내가 거길 꼭 같이 가야 돼?
네가 친구랑 얘기하는 동안
난 뭘 하라고?
블랑슈에게
고쳐야 할 앰프가 있어서
친구한테 가져간대. 몇 시간은
걸릴 거고.

파비앙
금방 고쳐. 그리고 가면
너도 공부가 될 거 아냐.

레아
고맙지만 낮에 공부 많이 했어.
저녁엔 쉴 거야.

파비앙
널 데리러 다시 여길 오고
싶어도 그 시간이면 차가 밀려서
적어도 30분은 걸릴 텐데.

블랑슈
그 말이 맞아.
남자친구랑 같이 가.

레아
널 이렇게 내버려두고 가는 건
맘이 불편해.

블랑슈
그럴 거 없어.
우린 월요일에 보자.

레아
그래, 알겠어. 월요일에 봐.
미안해.

블랑슈는 멀어진다.

레아
쟨 정말 착한 애야.
나였으면 엄청 화를
냈을텐데.

파비앙
왜 화를 내?

레아
우선 내가 같이 수영장에 가기로
약속했는데 안 가게 됐잖아.
또 나한테 쇼핑하는 데 같이
가자고 했는데 결국 그것도
못 가게 됐고.

파비앙
그건 네 잘못이 아니야!
너한테 예의상 그러자고
한 거겠지. 네가 귀찮을 수도
있어.

레아
네 일이나 신경 써. 넌 저 앨
모르잖아. 저 애가 무슨 생각을
하는지 알지도 못하면서.
세심하고 사려 깊은 애라고.
그리고 우린 그런 애한테 무척
무례하게 군 거고.

파비앙
그래. 그렇게 눈치가 빠른
애라면 우리가 바쁘다는 걸
이해했겠지. 그리고 사실이
그렇잖아. 서두르자. 빨리 와.
안 오고 거기서 뭐 하는데?

레아
이제 그렇게 급할 거 없잖아.
내가 너랑 같이 가는데.

파비앙
그래도 서둘러야지.
난 조금 일찍 움직이는 게 좋아.
어떻게 될지 모르니까.

레아
넌 사람들 집에 놀러가는 게
좋아?

파비앙
화를 내며
같이 가기 싫었으면 미리
말을 했어야지. 지금은 너무
늦었어. 난 갑자기 약속
취소하는 거 정말 싫다고.

레아
그 사람들은 널 좋아하는 거지,
난 아니잖아. 혼자 가.
난 아프다고 해. 이건 정말이야.

파비앙
레아에게 다가오며
어디 안 좋아?

레아
근육통이 있어서 그래.
좀 심한 것 같아서. 아무래도
쉬는 게 낫겠어.

파비앙
정말이야?

레아
정말이야.

파비앙
그럼 내가 집에 데려다줄게.

레아
아냐, 괜찮아. 난 엄마 집으로
가려고. 가면 잘 돌봐주실
테니까. 내일 아침에 전화할게.
그리고 월요일엔 생기 넘치는
모습으로 멀쩡해져서 돌아올게.

블랑슈의 사무실.
월요일.
레아는 라퐁텐 광장의 공중전화에서
블랑슈에게 전화를 건다.

블랑슈
여보세요? …레아?
…별일 없지? …응, 나도 잘
있지. …무슨 사과를 해?
…날 버리고 간 게 아니래도!
…뭐라고? …아냐. 내가 미리
알았어야 했는데… 미안해.

레아
공중전화에서
너 때문에 그런 거 전혀 아냐.
사실 네가 날 구해준 거라고.
게다가 그때 난 정말 쉬고
싶었거든. 이제 근육통도
다 사라졌어. 몇 킬로미터는
헤엄칠 수 있을 것 같아.
말이 그렇다는 거야!

…아니, 내일은 어때? 같이
저녁 먹을까? …아니! 난 그렇게
파비앙을 여기저기 데리고
다니진 않는다고! 너한테
할 말이 있어. 너한테만 하고
싶은 얘기야.

블랑슈
사무실에서
좋아. 그럼 우리 집으로
저녁 먹으러 와.

세르지생크리스토프.
블랑슈와 레아는 블랑슈의 아파트가
있는 벨베데르의 안마당을 가로지른다.

블랑슈의 아파트.
레아는 안마당 쪽 전망을 감상한다.

블랑슈
어때? 맘에 들어?

레아
응. 진짜 예쁘다. 특히 여기서
보는 게 멋있네. 그런데 저기에
잔디를 심긴 하는 거지?

블랑슈
그럼. 곧 자라날 거야.
자, 이쪽도 보러 와.
여긴 또 달라.
호수 쪽 전망이지.

레아
아, 그러네! 정말 아름답다.

블랑슈
그리고 저 끝에 보이는 게
라데팡스 고층 빌딩들이고,
그 뒤로 에펠탑!

레아
너 망원경 없어?

블랑슈
망원경?

레아
응. 파비앙이 호수에
윈드서핑하러 가면 여기서
감시 좀 할까 하고!

블랑슈
네 남자친구 윈드서핑해?
재밌네. 나도 하는데!

레아
그래, 잘해보라고!
인테리어를 살펴보며
이렇게 자기 집이 있으면
얼마나 좋을까! 나도
인테리어를 싹 바꿔보고
싶거든… 하지만 부모님
집에서는 불가능하니까. 게다가
파비앙네 집에 있으면 내 집이란
느낌은 안 들어. 다 뒤집어놓고
싶었는데 결국 포기했지.
그것 말고도 우리는 싸울 일이

차고 넘치거든. 파비앙이
참 사랑스럽긴 한데, 자꾸
내 신경을 긁어. 이를테면 너무
다정하게 굴어서 내가 거짓말을
못 하겠다니까.

블랑슈
꼭 거짓말해야 할 필요는
없잖아.

레아
아니. 가끔 그래야 할 때가 있지.
말하지 않는 편이 나은 일들이
있잖아. 특히 사소한 일이라면.
만약 혹시라도 내가 다른 남자와
데이트를 한다면 파비앙은
몹시 화를 내겠지. 물론 난 매우
지조 있는 사람이긴 하지만,
그래도 그런 일은 생길 수
있잖아. 그러다 진지해질 수도
있고. 그러니까 그 다른 남자랑
말야. 그렇다면 내가 선택을
해야 할 거야. 하지만 동시에
내가 파비앙을 떠나게 된다면
그 일이 갑작스럽게 벌어지진
않을 거야. 그럼 난 한동안
거짓말을 할 수밖에 없겠지.
"나도 이젠 널 사랑하지
않아."라고 솔직하게 말할 수
있었으면 좋겠어.

블랑슈
지금은? 그를 사랑해?

ÉRIC ROHMER

134

레아
응. 아직은 그래. 하지만 갈수록
걔 버티기가 버거워.
너무 이기적인 사람이라.

블랑슈
다정하다며!

레아
이기적인 동시에 다정할
수 있지. 그 사람은 나에게
아무것도 강요 안 해. 하지만
아무 제안도 하지 않지.
봐, 예를 들어 지난 금요일에
걔가 정말 나랑 같이 가길
원했다면 난 따라갔을 거야.
내가 꾀병 부리는 걸 알고
오히려 화를 내길 바랐어.
하지만 그러지 않았지! 내가
아무리 도발을 해도 걔한텐
안 먹힌다니까… 게다가
내 입장에서 생각할 줄 모르는
사람이야. 배려심이 없지. 내가
좀 구식인지 몰라도 난 배려심
넘치고 자상한 남자가 좋거든.
누가 날 자상히 챙겨주는 게
좋더라. 아마 그 사람이 너무
어려서겠지. 좀 더 나이 든
남자가 내게 더 잘 맞을 것 같아.
아파트 구경을 마치고는
이 집에서 혼자 살면
정말 외롭겠다!

블랑슈
아니, 안 그래. 난 작은
건물보다 이런 큰 건물에서
사는 게 덜 외롭더라.

레아
너 정말 남자친구는 없어?

블랑슈
없다니까. 너무 눈이 높은가 봐.

레아
하지만 너 저번에
수영장에서 말이야. 그 남자한테
끌렸었잖아.

블랑슈
그랬지. 그 남잔 평균
이상이잖아. 그래서 내 눈에
띈 거고.

레아
정말 네 타입 같지는 않은데.

블랑슈
내 타입? 나한테 그런 게
있을까? …사실 난
…외모에 끌려. 놀랐어?

레아
글쎄. 네가 끌린다는 '외모'가
어떤 걸 말하는지에 달려
있지. 나도 못생긴 남자는
싫어. 하지만 알렉상드르는
바람둥이야. 여자들이 자기를

좋아한다는 걸 알고 그걸
이용하는. 하지만 똑똑하지.
직장도 탄탄하고. 아주 좋은
상대야. 그치만 난 너랑 걔가
어울리진 않는 것 같아.

블랑슈
그래, 나는 너무 못생겼지.

레아
그런 얘기가 아니야.
걔는 사람이 진지하지가 않다고.
그런데…

블랑슈
그런데 난 진지한 사람
같다는 거지. 하지만 네가 그걸
어떻게 아니?

파비앙의 집.
블랑슈, 레아, 파비앙은 정원에서
저녁 식사를 마친 참이다.

블랑슈
뒤편 호수를 가리키며
저 호수에서 수영할 수 있어?

파비앙
응. 근데 그쪽은 안 되고,
저쪽 나무들 뒤편에 수영할 수
있는 데가 있어.

블랑슈
넌 수영장에 한 번도 안 오더라.

파비앙
난 클럽 소속이라 훈련 때만 가.

레아
초특급 에이스지.

파비앙
아니, 전혀. 아직 더 실력을
키워야 해. 난 뭔가를 하면 정말
끝장을 보는 성격이거든.

레아
근데 너 알렉상드르 알지?

파비앙
전력공사 다니는?
응. 테니스 칠 때 만나니까.
우리 둘이 실력이 비슷해서 같이
치기 좋거든.

레아
수영은 안 한대?

파비앙
글쎄. 훈련엔 안 와.
근데 왜 물어보는 거야?

레아
그냥. 저번에 수영장에서
봤거든. 수영 엄청 잘하던데.

파비앙
당연하지. 못하는 게 없는
녀석이야. 부족한 점을
찾아볼 수가 없지. 말 그대로
만능이라고. 운동, 음악뿐만

아니라 수학도 잘하고 문학에도
재능이 있어. 그 녀석에겐
모든 게 쉬워. 너무 쉽지.

레아
나도 그래봤음 좋겠다.

파비앙
난 아니야. 재능이 너무 많으면
결국 뭘 해야 할지 모르잖아.

레아
여자들을 두고도 마찬가지지.
모든 여자가 자길 좋아하면 누굴
선택해야 할지 몰라서 결국
제일 못생긴 여자를 만나잖아.
그렇게 여자친구를 못 고르는
사람은 본 적이 없다니까.
그런데 지난번에 걔랑 같이 있던
여자애는 그나마 괜찮더라.

블랑슈
수영장에서?

레아
응. 빨간 닻이 그려진
파랑 수영복을 입고 있던
여자애. 못 봤어?

블랑슈
그래? 못 봤는데.

파비앙
확실히 걔 주변엔 늘 여자들이
끊이질 않지. 하지만

그 여자들이 네가 말한 것처럼
그렇게 못생기진 않았는데.

레아
아, 넌 눈이 낮구나. 나는
그것보단 괜찮게 봐줬으면
좋겠는데.

파비앙
어깨를 으쓱하며
당연하지!

레아
내가 그 여자들보다 괜찮은
거라면, 너보다 괜찮은
알렉상드르는 나보다 훨씬
괜찮은 여자들을 만나야 하는 거
아니야? …그렇담 넌 걔가
너보다 낫다고 생각하지
않는 게 분명해.

파비앙
음, 난 그 녀석보다
나 자신인 게 더 좋아.

레아
대단한 자신감이네!

파비앙
원하면 걔랑 만나!

레아
그런 말이 아니잖아.

파비앙
그 녀석이 넌 싫다고 하려나?

레아
그것참 황당한 얘기다!
걔가 만나는 여자들을 좀
보라고! 잘생겼다고 해서
그 사람을 원한다는 건 아니야.
그건 아무 상관없다고.
게다가 난 눈곱만큼의
노력도 하지 않으면서 그게
당연하다는 듯 여자들이 자기
품에 와서 안기길 바라는
남자는 질색이야.

파비앙
결국은 그 녀석이 너에게
구애하지 않았기 때문인 거네.

레아
그럴 수도. 자길 보자마자
눈이 동그래지면서 새하얗게
질리는 그런 여자들과 난
다르다는 걸 느꼈겠지.

파비앙
그런 여자들이 정말 많다고
생각해?

레아
어쨌든 걜 보고 사랑에 빠져
애태우는 여자애는 한 명 알지.
아주 예쁜 애야.

파비앙
걔는 그 여자애가
맘에 안 든대?

레아
알 수가 없지. 어떤 시도도
안 해봤으니.

파비앙
그럼 시도해봐야지!
네 말에 따르면 그 녀석은 모든
여자를 안 가리고 다 만난다며…
근데 그런 여자애가 정말 있어?

레아
응. 하지만 블랑슈는 아니야.

블랑슈
그만 좀 놀려라!

파비앙
블랑슈에게
얘 말은 듣지도 마.

레아
블랑슈는 이미 내 바보 같은
농담에 익숙해졌는걸!

파비앙
정말 바보 같은 농담들이지.

블랑슈
그래도 심술궂진 않아.

카페 콜롬비아.
레아와 블랑슈는 카페에 혼자 앉아
있는 알렉상드르를 발견한다. 레아가
창을 두드려 그에게 인사한다.

두 사람은 카페 안으로 들어가
그가 있는 테이블에 앉는다.

레아
너 블랑슈 알지?

알렉상드르
응. 한번 봤는데,
어디서 만났더라.

레아
수영장에서.

알렉상드르
맞아, 그랬지.
둘이 거기 자주 가?

레아
이틀에 한 번꼴로 가.
우린 만나서 하루는 수영하고
하루는 점심 먹거든.

알렉상드르
그래? 나랑 똑같네. 그럼 같은
날이 아닌가 보다. 두 사람은
짝수 날에 가는 거야? 난 홀수
날에 가거든. 그래서 한 번도
못 마주쳤나 보네.

레아
정말이야?

알렉상드르
아니. 사실 난 거의 안 가.
두 사람처럼 점심을 건너뛸
용기가 나에겐 없거든.

레아
그런 게 아니라, 그냥 그렇게
하는 게 좋아서 그래.

알렉상드르
그래, 그렇겠지. 넌 몸매 관리할
필요가 없을 테니까.

레아
놀리는 거야, 아님 칭찬이야?

알렉상드르
엄청난 칭찬이지.
널 부러워하는 여자들이 많아.
심지어는 남자들까지.

레아
널 포함해서?

알렉상드르
맞아! 들켰네!
그는 웃는다.
어쨌든 난 수영장은 별로
안 좋아해. 특히 여름엔.
블랑슈에게
같은 학교 다니세요?

블랑슈
아니요. 전, 그러니까…

레아
높으신 분이야.
시청 공무원이라고.

블랑슈
지방행정사무관이에요.

알렉싱드르
이렇게 젊으신데요!

블랑슈
그렇지도 않아요.
스물넷이에요.

레아
나랑 두 살 차이밖에 안 나.

알렉상드르
그러게. 넌 좀 늦은 것 같다.

레아
모든 사람이 너처럼
에콜폴리테크니크를
졸업하는 게 아니라고!.

알렉상드르
나 에콜상트랄 출신인데!

블랑슈
엔지니어세요?

알렉상드르
네. 전력공사에 다니죠.

레아
대단한 직장에 다니고 있지.
훌륭한 신랑감이야!

알렉상드르
제가 보기엔 그쪽도 대단한
직장에 다니는 것 같은데요.

레아
그러니 더더욱 너희 둘이

짝이 돼야지. 돈이 돈을
부르는 법이잖아.

알렉상드르
세르지가 맘에 드세요?

블랑슈
네, 아주 좋아요.

알렉상드르
그럼요. 15개나 되는 TV
채널에, 호수에, 테니스장에,
조만간 들어설 골프장에, 극장도
두 곳이나 있고. 지루할 틈이
없죠. 농담이에요. 하지만 저도
이곳이 나름 괜찮아요.

블랑슈
전 대도시 체질도,
시골 체질도 아닌 것 같아요.

알렉상드르
전 대도시 체질이에요.
아주 큰 도시요. 파리 도심
한구석에서만 사는 것보다
이런 거대한 광역권이 훨씬
잘 맞죠. 이 드넓은 파리
광역권 전체가 제 활동 반경인
셈이에요. 남에서 북으로,
동에서 서로 끊임없이 이동하죠.
전 대도시의 남자랍니다.
알렉상드르는 웃는다.

레아
나도 그래. 내 시간

4분의 3은 지하철이나 버스에서
보내는 것 같아. 하지만 그게
좋은 건지는 잘 모르겠던데.

알렉상드르
그건 네가 시간을 계획적으로
잘 못 써서 그래.

레아
도대체 어떻게 해야 지금보다
더 잘 쓰는 건지 모르겠는데.

알렉상드르
언젠가 내가 설명해줄게.
조만간. 봐서.

레아
뭐? 무슨 소리야, 그게?

알렉상드르
천천히 잘 생각해봐.

레아
너나 네가 한 말이 무슨 소린지
잘 생각해봐.

알렉상드르
그럼. 물론 그래야지.
블랑슈에게
어느 과에서 일하세요?

블랑슈
문화과요.

알렉상드르
제가 잘 모르는 쪽이네요.

재무과랑도 일하세요?

블랑슈
그럼요. 자주 일하죠.

알렉상드르
티소 씨 알아요?
참 깐깐하게 굴죠, 그 양반!
알렉상드르는 턱을 밀어 넣으며
그를 흉내 낸다. 레아와 블랑슈가
웃음을 터뜨린다.
그럼 탕데스탕 부인은요?

블랑슈
누구요?

알렉상드르
탕데스탕 부인이요. 모르세요?
탕데스탕 부인 말이에요.

블랑슈
몰라요. 질레 부인은 알죠.

알렉상드르
아, 바로 그분이에요.
질레 부인. 늘 이렇게 말하잖아요.
(아)탕데(어냉)스탕(잠깐
기다리세요)…

레아
넌 사람들 놀리는 게 재밌니?

알렉상드르
악의가 있는 건 아니잖아.
블랑슈에게
못돼 보이나요?

블랑슈
아뇨. 전혀요.

레아
블랑슈를 가리키며
너는 늘 모든 걸 좋게만 보더라.

블랑슈
내가? 아니야! 나 안 그래.

레아
넌 항상 좋은 면만 보잖아.

블랑슈
나쁜 면보다는 좋은 면을
보는 걸 좋아하는 거야.

알렉상드르
저랑 같네요. 전 단점보다는
장점을 보죠.

아드리엔이 도착한다.

아드리엔
뭐야! 30분은 찾아다녔잖아.

알렉상드르
여기서 보기로 했잖아.

아드리엔
그랑플라스(대광장)에 있는
식당이라며.

알렉상드르
난 여기라고 했어. 네가 내 말을
흘려들은 거지.

아드리엔
난 제대로 들었어!
그랑플라스는 저쪽이라고!

알렉상드르
그랑플라스는 바로 여기라니까.

아드리엔
아니, 저쪽에 있는 게 제일 큰
광장이야!

알렉상드르
요 앞 광장 이름이
그랑플라스잖아! 됐으니 이제
와서 앉아.

아드리엔
아니. 나 이제 시간 없어.

알렉상드르
뭐 안 마실 거야?

아드리엔
이젠 별로 그러고 싶지도 않아.

알렉상드르
그럼 내가 일어날게. 같이 가.

두 사람은 레아와 블랑슈에게 인사하고
자리를 뜬다.

레아
어때? 좋았어?

블랑슈
아주 똑똑한 사람이네. 반면에
난 완전히 바보 같아 보였겠지.

레아
아니. 왜? 너 아주 괜찮았어.

블랑슈
아무 말도 못 했잖아.

레아
무슨 얘길 하고 싶었는데?
아, 미안.
내가 말이 너무 많았나 봐.

블랑슈
아니, 너 때문이 아니야.
난 늘 이런 식이지…
다 내 탓이야! 맘에 드는
사람 앞에만 서면 완전히
얼어버린다니까.

레아
어쨌든 지금이 기회야.
쟤네 둘 사이가 심상치 않아
보이던데. 봤어?

블랑슈
그런 것 같아?

레아
응. 하지만 서두르라고!
안 그럼 다른 여자가
채갈 테니까… 오늘 제대로
안면을 텄으니 다음번에 만나면
너 혼자 잘 해내야 해.

블랑슈
나 혼자? 훨씬 얼어붙을걸.

누군가에게 잘 보이고 싶을수록
난 더 바보가 된다니까.
그래서 그냥 입을 다물고 말지.

레아
하지만 말을 해야 해.
알렉상드르는 똑똑한 사람을
좋아해. 넌 똑똑하잖아.
네가 바보 같은 소릴 할 리가
없어. 내가 너에게 할 수
있는 조언은, 그 녀석처럼
하라는 거야. 여유 있게.
농담도 하면서.

블랑슈
난 그런 거 못 해! 그건 나답지
않아. 연극을 할 수는 있겠지.
하지만 호감을 사고 싶은
사람한테는 그렇게 못 하겠어.
난 있는 그대로의 내 모습으로
사랑받고 싶어, 내가 아닌 다른
모습을 연기하기보단.

레아
그럼 그런 녀석을 좋아하지 마.
널 좋아할 남자들이 얼마나
많은데! 왜 그런 가치도 없는
남자한테 빠져 있는 거야?

세르지생크리스토프, 마르세 광장.
블랑슈가 역에서 걸어온다. 그녀를
기다리던 레아가 손을 흔든다.

레아
블랑슈!

블랑슈
레아! 여기서 뭐 해?

레아
한 시간 전부터 널 찾고 있었어!

블랑슈
하루 종일 일이 있었거든.

레아
그랬구나. 너한테 전할 소식이
있어. 기쁘면서도 슬픈
소식이지. 나 내일 떠나.

블랑슈
떠나다니, 그게 무슨 소리야?

레아
휴가 가려고.

블랑슈
그럼 기쁜 소식이네.

레아
맞아. 하지만 이제 우린 다시
못 볼 거라서.

블랑슈
돌아올 거잖아.

레아
아마 세르지로는 안 올 거야.
어디에 직장을 구할지는
아직 모르고.

블랑슈
두고 보면 알겠지.

레아
그건 확실해. 파비앙이랑
헤어지면 다시 이곳으로 돌아올
이유가 전혀 없으니까.

블랑슈
헤어지긴 왜 헤어져?
너희 싸웠어?

레아
아니, 전혀. 우리 다른
얘기 하자. 사실 난 휴식이
필요해. 원래는 더 늦게 떠날
계획이었어. 파비앙은 7월
중순이나 되어야 휴가를
쓸 수 있거든. 하지만 결국
이렇게 혼자 떠나게 됐지.
도르도뉴 지방으로 갈 거야.
할머니 댁으로. 그러고는 아마
피레네 지방을 둘러볼 것 같아.
아니면 알프스 쪽이나.

블랑슈
그 사람은 나중에 합류하고?

레아
누구? 파비앙?
그런 일은 없을 거야.
레아는 블랑슈의 얼굴을
뚫어져라 바라본다.
너 내 말을 믿은 거야?

블랑슈
너 안 떠나?

레아
떠나는 거 맞아!

블랑슈
그럼 뭔데? 같이 가는 거야?

레아
블랑슈의 목을 끌어안으며
네가 정말 좋아! 넌 항상
날 믿어주지… 너에게는
거짓말하고 싶지 않아. 그런데
다른 사람들은, 우리 부모님이나
파비앙이나 말이야, 늘 내가
거짓말을 한다고 의심해. 그래서
난 있는 힘껏 거짓말을 하지…
사실 남자랑 같이 떠나는 거야.

블랑슈
나한테 그 얘길 꼭
할 필요는 없는데.

레아
이렇게 얘기하잖아.

블랑슈
난 다른 사람의 비밀은
알고 싶지 않아.

레아
아무도 너한테 안 물어봐.
아무래도 나 사랑에
빠진 것 같아.

블랑슈
그럼 파비앙은? 그를 떠나려고?

레아
아니. 그런 것 같다고 했잖아.
내가 사랑에 빠진 게 맞다면
그를 떠나겠지. 그게 아니라면…
사실 난 내가 그런 것 같진 않아.
그냥 난 파비앙을 골려주고
싶은 걸 거야. 걔한테 안된
일이지만 어쩔 수 없지!
날 정말 사랑한다면 자기
휴가를 내게 맞췄어야 했어.
하지만 자기 계획을 바꾸는 걸
끔찍이도 싫어해. 게다가 일을
최우선으로 여기지.

블랑슈
당연한 거잖아. 이제 막
일을 시작했는데.

레아
그래. 하지만 일 때문에 난
늘 뒷전이라니까.

블랑슈
사랑한다면 그 사람의 일도
배려해줘야지.

레아
난 그를 진정으로 사랑하지
않아. 사랑한 적 없다고.
그 사람은 냉혹한 이기주의자야.
난 내게 따뜻한 조언을 해주고,

날 이해해주고, 때로는 날
기쁘게 해주려는 그런 사람을
원해. 하지만 파비앙은 그럴 수
있다는 걸 생각조차 못 하는
사람이야.

블랑슈

난 말이야, 날 기쁘게 해주려는
사람은 별로야. 예를 들어 난
선물을 받는 게 너무 싫어. 늘
마음에 안 드는 걸 골라오잖아.

레아

난 선물 받는 게 좋아. 맘에
안 드는 거라도. 내가 같이
휴가를 떠나는 남자는, 사실
그 남자랑 둘이 가는 건
아니야. 여럿이서 가. 어쨌거나
그 사람이 내 인생의 남자라고는
생각 안 해. 하지만 그와
사랑에 빠질 아주 작은
가능성은 있지. 가벼운 만남은
싫어. 난 바람둥이는 아니야.
내 생각에 마음속으로는 네가
나보다 더할 것 같은데.

블랑슈

내가? 난 2년 동안 솔로였다고!

레아

바로 그거야. 내가
'마음속으로'라고 했잖아.
넌 아주 특별한 걸 원하는 거고,
난 안정적인 걸 원하는 거지.

안 그런 것 같아?

레아는 웃는다.

…안 그래 보여도,
이게 사실이라고!

블랑슈

우리 집에서 저녁 먹을래?

레아

아니. 시간이 없어.
지금 바로 가봐야 해.

블랑슈

그럼 내가 역까지 바래다줄게.

역 로비.

레아

맞다. 너 롤랑가로스 경기
관심 있어?

블랑슈

응! 너 티켓 있어?

레아

응. 난 못 가니까 너 줄게.

레아는 가방에서 티켓을 꺼낸다.

블랑슈

티켓을 받아들며

얼마 주면 돼?

레아

주긴 뭘 줘. 파비앙이 자기
클럽에서 공짜로 받은 거야.

블랑슈
그럼 파비앙은 보러 가고?

레아
응. 왜? 신경 쓰여?

블랑슈
자리에 번호가 있잖아.
그럼 우리 서로 옆자리에
앉게 될 텐데.

레아
너 안 잡아먹어. 걱정 마!

블랑슈
아니, 어쨌든 좀 불편할 거 아냐.
네 얘기를 다 들은 마당에.
나한테 질문이라도 하면
어떡해?

레아
걔가 너한테 무슨 질문을
하겠어? 어쨌든 공식적인
버전으로 얘길 나누면 되지.
그게 사실이기도 하고.
뭐, 사실에 가깝지.

블랑슈
그래. 하지만 난 거짓말을
정말 못해. 비밀로 간직하는
이야길 누가 갑자기 물어보면
완전히 당황하면서 얼굴이
빨개진단 말이야. 결국 사실대로
털어놓고 말지.

레아
네 얼굴이 빨개져도
걔는 네가 왜 그러는지도
모를 거야. 게다가 너희 둘은
분명 다른 얘길 하게 될 거고.

블랑슈
무슨 얘기를 하겠어?
우린 서로 잘 알지도
못하는데.

레아
친해지면 되지.

블랑슈
파비앙이 정말 그러고 싶을까.
물론 나도 마찬가지고.
내가 걔랑 얘길 나누는 건
네가 여자친구이기 때문이야…
혹시라도 너희 둘이 헤어진다면
나로서는 그를 다시 볼
이유가 전혀 없는 거라고.

레아
내가 떠나면 걔 자유의
몸이 되는 거잖아.
그리고 넌 지금 자유의 몸이고.
무슨 일이 생길지 누가 알아!
레아가 웃음을 터뜨린다.
너 파비앙 별로야?

블랑슈
아주 괜찮은 사람이지.
하지만 친구의 남자친구는…

레아

건드리면 안 되지. 나도
그렇게 생각해. 하지만 더는
내 남자친구가 아니라면?

블랑슈

어쨌든 남자친구였던 거잖아.
바보 같은 생각일 수도
있지만, 그 남자는 금기의
대상인 셈이야.

레아

이해해. 나도 농담한 거야.
그냥 만나서 친구로 대화해봐.
그러고 보니 너랑 파비앙은 서로
많이 닮은 것 같아. 나보다는
너랑 나눌 수 있는 대화
주제가 훨씬 많을 거야. 우린
관심사가 하나도 안 맞거든…
넌 좋아하는 사람 앞에서는
아무 말도 못한다며. 하지만
파비앙은 너에게 그런 사람이
아니니까… 어때? 그리고 거기
알렉상드르도 올걸. 그 기회를
놓치면 안 돼!

롤랑가로스.
블랑슈는 경기 시작 직전 도착한다.
열 명쯤 되는 클럽 소속 사람들이 같은
좌석 구역에 모여 있다. 그들 사이에
알렉상드르, 아드리엔, 파비앙이 있다.

경기를 보고 나오는 길에 알렉상드르는
친구들을 만난다. 친구들이 브리지
게임을 제안하자 알렉상드르는
아드리엔에게 같이 가자고 권한다.
아드리엔은 피곤하기도 하고,
그 게임을 좋아하지 않는다는 핑계로
거절한다. 알렉상드르가 떠나자 이제는
아드리엔이 블랑슈와 파비앙에게
함께 카페에 가자고 권한다. 블랑슈도
피곤하다는 핑계로 아드리엔을
파비앙과 남겨두고 돌아간다.

국립예술학교 복도.
아드리엔과 블랑슈가 마주친다.

아드리엔
블랑슈!

블랑슈
안녕.

아드리엔

이렇게 만나니 반갑다.
토요일 일을 사과하고 싶었거든.
미안해. 그때 내가 정말
기분이 안 좋았어.

블랑슈

이해가 안 되네.
네가 뭘 어쨌길래?

아드리엔
내가 네 남자친구랑 같이 있게

돼버렸으니까. 넌 그냥 혼자
가버렸고.

블랑슈
누구? 알렉상드르?

아드리엔
웃음을 터뜨리며
무슨 소리야! 알렉상드르 말고,
이 바보야. 네 남자친구!
파비앙 말이야!

블랑슈
파비앙? 걘 레아 남자친구야.

아드리엔
알아. 하지만 걔랑 같이 온 건
너잖아?

블랑슈
그런 것도 아냐. 레아가 나에게
자기 표를 줬고 그래서 서로
옆자리에 앉은 것뿐이라고.

아드리엔
그래? 난 너희가 친한 줄 알았지.
어쨌든 걔가 널 참 좋아하더라.

블랑슈
뭐라고?

아드리엔
진짜야. 널 정말 좋게
생각하던데. 네가 그렇게
가버린 걸 아쉬워했어.

블랑슈
무슨 말도 안 되는 소리야!
거짓말 마.

아드리엔
파비앙이 너한테 뭐 잘못한
거라도 있니?

블랑슈
전혀 없어. 레아의 애인이니까.
파비앙은 레아랑 있을 때만 보는
사이라고.

아드리엔
레아가 질투할까 봐 겁나서
그래? 레아 걔가 질투를 하면
정말 장난 아니긴 할 거야!

블랑슈
아냐. 레아는 내가 친구의
남자를 채가는 애가 아니란 걸
잘 안다고.

아드리엔
파비앙은 더 이상 레아
남자친구가 아니야. 헤어졌어.
뭐, 거의 그런 상태야.

블랑슈
파비앙이 그러든?

아드리엔
아니. 하지만 난 바로 알겠던데.
그런 건 금방 티가 나잖아.
난 도대체 파비앙이 그런

여자애를 어떻게 참고 만났는지 모르겠어.

블랑슈
화가 나서 딱 잘라 말하며
레아는 내 가장 친한 친구라고. 내 앞에서 험담하지 마!

아드리엔
어머, 왜 이렇게 날뛰는데? 화내지 마! 레아 험담을 하는 게 아니라, 난 그저 그 두 사람이 어울리지 않는다는 얘길 하는 거야. 서로의 덫에 걸린 거지… 뭐 하나 얘기해도 돼? 들으면 네가 더 화를 낼 것 같지만, 정말 그럴 일 아니야. 있잖아, 내가 네 칭찬을 했어. 정말 잔뜩!

블랑슈
내 칭찬을?

아드리엔
말하자면 그래. 왜냐면 파비앙 걔가 먼저 시작했거든. 아주 자연스럽게 네 칭찬을 하더라. 사실 난 네가 그렇게 가버려서 마음이 좀 불편했거든. 그랬더니 파비앙이 날 안심시키면서 넌 아주 괜찮은 여자라고 하더라고. 아무 일에나 화를 내는 그런 사람이 아니라면서, 어쨌든 넌 자신이 세상의 중심이라고 여기는 그런 타입이

아니라는 얘기였어. 그리고 난 그 틈을 이용해 너에 대한 칭찬을 쏟아냈어. 넌 내가 너에 대해 뭘 아냐고 하겠지만 난 정말 네가 매력적이라고 생각해. 또 난 상당히 직관적인 사람이고. 사람들을 잘 파악하지.

블랑슈
난 너한테 아무것도 부탁하지 않았어! 네가 뭘 안다고 그래?

아드리엔
진정하라고! 어쨌거나 파비앙은 내 말을 전혀 듣지 않았어. 오직 레아 생각뿐이더라니까. 사랑 앞에 쩔쩔매는 그런 애들은 날 너무 짜증나게 해. 그래서 난 그런 애들한테 아무 말이나 하게 되지.

블랑슈
도대체 무슨 말을 했길래?

아드리엔
별말 안 했어. 그저 레아 흉을 좀 보고, 난 걔 별로거든, 또 너에 대해선 극찬을 늘어놓았지. 하지만 얘기한 대로 헛수고였어. 걘 아무 말도 안 듣더라니까.

블랑슈
정말 쓸데없는 수고를 했네.

아드리엔
그러게. 넌 매우 차분하고
상냥한 애처럼 보였는데,
알고 보니 상당히 공격적인
구석이 있구나… 너 애인 있어?

블랑슈
아니. 지금은 없어.

아드리엔
파비앙에겐 마음이 없나 봐.
솔직히 말하면 너에게
알렉상드르를 넘겨줄 마음
없어. 걔는 더더욱 네 타입이
아니라고! 이 동네에서
사귈 만한 남자는 그 둘뿐이니
애인은 다른 데 가서 찾아봐!
세상은 넓으니까!

___

라퐁텐 광장, 상점가.
토요일 아침, 블랑슈는 장을 보러
나갔다가 파비앙과 마주친다.
걸음을 멈춘 두 사람은 누가 봐도
서로 어색해 보인다. 먼저 용기를 낸
블랑슈가 손을 내밀며 미소 짓는다.

블랑슈
지난번엔 미안했어.
집에 꼭 가봐야 했거든.

파비앙
괜찮아. 어쨌든 나도 조금은 널
방치한 셈이니까.

그런데 어쩔 수가 없었어.
그 여자애가 붙들고
놓아주질 않아서…
도저히 떼어낼 수가 없더라고!
그렇긴 해도 걔가 널
정말 좋아하는 것 같더라.

블랑슈
차갑게
아, 그거라면 잘 알지.
그럼 좋은 일요일 되고!

두 사람은 다시 각자 갈 길을 간다.
하지만 쇼핑을 마친 두 사람은
다시 마주친다.

블랑슈
피할 방법이 없네!

블랑슈와 파비앙은 함께 웃는다.

파비앙
절대 못 피하지. 여긴 시골 마을
같아. 언젠가는 같은 사람을
일곱 번이나 다시 마주친 적이
있어. 처음 마주쳤을 때 이미
인사를 했었는데 말이야. 어떤
사람들은 이런 상황이 아무렇지
않을 수도 있겠지만, 난 그럴 땐
다시 인사를 해야 하는 건지,
아무 말도 하지 않고 그냥
지나가야 하는지… 못 본 척해야
하는지 아님 그냥 서로 피해야
하는지 정말 모르겠더라.

블랑슈
웃으면 되지.

파비앙
일곱 번이나?

블랑슈
오늘은 두 번째니까.

파비앙
그렇지. 자, 그럼…
또 좋은 일요일 보내라고!

두 사람이 헤어지려는데 파비앙이
마음을 바꾼다. 날씨가 곧 좋아질
거라면서 블랑슈에게 호수로 같이
윈드서핑을 하러 가자고 제안한다.
블랑슈는 제안을 받아들인다.

뇌빌 호수.
파비앙과 블랑슈는 호수에서
윈드서핑을 즐긴다. 뭍으로 나온
파비앙은 서핑복에 끼인 지퍼와
씨름하는 블랑슈를 돕는다.
그는 차분하게 대처하면서 고장난
지퍼를 금세 고친다.

파비앙
이런 일은 보통 나한테
자주 생기는데. 그럼 난 금방
짜증을 내지.

블랑슈
정말? 재밌네. 짜증내는

네 모습은 상상이 안 되는데!

파비앙
오늘 아침에 마트에서
날 못 봐서 그래. 돌아버리는 줄
알았다고!

블랑슈
왜? 토요일이라 사람이
너무 많아서?

파비앙
응. 사람이 가장 빨리 줄어들
것 같아서 골랐던 계산대 줄이
알고 보니 가장 느려터진 거야!
정말 미치는 줄 알았다니까!

블랑슈
미칠 정도는 아니잖아?

파비앙
아니, 난 그래. 내 인내심이
한계를 넘으면 미치도록 모든 걸
포기하고 싶어져. 이성으로
간신히 날 통제해야만 끝까지
버틸 수 있지.

블랑슈
그래.
하지만 넌 포기하지 않잖아.

파비앙
맞아. 그런데 딱 한 번 그런 적이
있었어… 아무 의미 없는 걸
산 적이 있어. 나 자신을 너무

ÉRIC ROHMER

152

벌하지 않으면서 나의 분노를
표현하는 나름의 방식이었지.

블랑슈
음, 나도 너랑 비슷한 것 같아.
이따금 간절히 원하는 게
생기면 기다리다가 결국은 다
포기해버리거든. 왜냐면…

───────────

호숫가 레스토랑.
두 사람은 테라스로 가서
샌드위치를 먹는다.

파비앙
정말 이상하지. 레아랑 나는
취향이 전혀 안 맞거든.
사실 레아가 몸이 힘든 일을
싫어해서 그런 게 아니야.
어떤 점에 있어서는 레아가
나보다 그런 일을 더 잘해.
수영 얘기는 꺼낼 필요도
없이, 그냥 걷거나 라켓을
쥐는 것만으로도 레아는
금세 지쳐. 하지만 몇 시간이고
춤을 춘다거나 하루 종일 쇼핑을
하는 건 또 거뜬히 해내거든.
그런데 그런 일은 날 녹초로
만들지. 내게 휴식이 되는 일은
레아를 지치게 하고,
나를 지치게 하는 일은 레아에게
휴식이 되는 거야.

블랑슈
그럼 도대체 둘이 어떻게
같이 사는 거야?

파비앙
같이 살지 않아. 레아는
우리 집에 완전히 들어온 게
아니거든. 주중에 잠깐 지내다가
토요일이나 어쩔 땐 금요일이면
부모님 댁으로 가버리지.
같이 따라갈 수도 있지만 난
별로 그러고 싶지 않고 걔도
마찬가지인 것 같아. 레아는
내가 자기랑 같이 휴가를 떠나고
싶어 하지 않았다고 생각하던데,
사실이 아니야. 미리
말해줬더라면 내 휴가 날짜를
바꿀 수 있었을 거야. 하지만
레아는 갑자기 자기 할머니 댁에
가겠다고 혼자 결정해버렸지.
걔가 정말 할머니 댁에 간 걸까?

블랑슈
동요하며
그럼… 나도 그렇게 알고 있어.
나한테 그렇게 말했거든.

파비앙
나한테도 그렇게 말은 했어.
하지만 그 말을 꼭 믿어야
하는 건 아니지… 분명 다른
남자가 있어… 뭐, 날 떠난다면
떠나는 거겠지. 처음엔 당연히

힘들겠지만 결국 지나갈 거야…
난 오늘 저녁에 친구들 집에서
저녁 먹을 건데. 같이 갈래?

블랑슈
고맙지만 괜찮아.
나도 갈 데가 있어서.

파비앙
내일도 호수에 올 거야?

블랑슈
내일은 쉬려고.

파비앙
아무래도 다음 주 내내
날씨가 좋을 것 같아. 조만간
저녁에 다시 같이 올래?

블랑슈
좋아. 다음 주초엔 좀 바쁘고,
목요일이나 금요일 어때?

파비앙
아니, 목요일이나 금요일엔
내가 안 돼. 토요일은?

블랑슈
좋아, 토요일.

상점가, 한 가게.
다음 주 수요일.
블랑슈는 시내의 한 가게에서 물건을
고르고 있다. 그때 상점의 유리창

너머로 파비앙과 알렉상드르가
걸어가는 것을 본다. 그녀는 잠시
망설이다 두 남자가 광장 모퉁이로
사라지자 서둘러 밖으로 나온다.
블랑슈는 잰걸음으로 아케이드가 있는
곳까지 다다른다. 그곳에 진 그늘이
블랑슈가 사람들 눈에 띄지 않도록
해준다. 그녀는 파비앙과 알렉상드르가
나무 아래서 대화하는 모습을 본다.
두 사람은 막 헤어지려는 참이다.
그러자 블랑슈가 다시 걸어 나간다.
그녀는 두 사람을 못 본 척하며 그들
옆을 지나간다.

파비앙
블랑슈!

블랑슈
어, 안녕!

파비앙은 블랑슈에게 입 맞춰
인사한다. 알렉상드르는 악수로
인사한다.

알렉상드르
우리가 몽상을 방해한 건가요?

블랑슈
아니요. 전혀요.
파비앙에게
이렇게 또 만났네.
호수는 갔었어?

파비앙
아니. 이제 가려고. 날씨가

아주 좋은 건 아닌데, 그래도
바람이 괜찮은 것 같아서.
너도 같이 갈래?

블랑슈
아니. 난 약속이 있어서
파리에 가야 해.

파비앙
그래. 그럼 난 이만 가볼게.
안 그럼 늦을 거야. 안녕!

파비앙이 멀어진다. 블랑슈와
알렉상드르만 남았다. 블랑슈는 대화를
이어나가본다.

블랑슈
윈드서핑 하세요?

알렉상드르
전 요트를 타요. 바다에서요.
윈드서핑은 안 하고요.
그냥 한번 해본 적만
있어요… 죄송한데 전 이만
가봐야겠네요…
파리 가신다고 했나요?

블랑슈
네. 곧 출발해요.

알렉상드르
저도 파리 가는데, 괜찮으시면
제 차로 태워다드릴까요?

블랑슈
아, 그게, 그러니까…

알렉상드르
차 있으세요?

블랑슈
네. 하지만 전 기차를 타고
가려고요.

알렉상드르
그럼 기차는 돌아올 때 타시죠.

블랑슈
네. 그런데 집에 먼저
들러야 해서요…

알렉상드르
여기서 댁이 먼가요?

블랑슈
생그리스토프에 살아요.

알렉상드르
가면 오래 걸리나요?

블랑슈
그게… 오래 걸리진
않을 거예요… 그런데…

알렉상드르
아무래도 제가 괜히 복잡하게
만드는 것 같네요. 그럼 좋은
하루 보내세요. 다음에 뵙죠!

알렉상드르는 블랑슈와
악수를 나누고 떠난다.

블랑슈의 아파트.
블랑슈가 안으로 들어와 선 채로
신발을 벗어 던지더니 소파에
털썩 주저앉는다. 이내 자리에서
일어나 욕실로 가서는 거울 속
자신을 바라본다.

블랑슈
흐느끼며
넌 정말 구제불능이야!

뇌빌 호수.
토요일, 블랑슈와 파비앙은 함께
윈드서핑을 즐긴다. 그 후 두 사람은
호숫가를 산책하다 부교에 다다른다.

파비앙
넌 소심하다더니 말을 잘하네.

블랑슈
너랑 얘기할 땐 그렇지!
레아랑 얘기할 때도. 사무실
동료들과도 그렇고.

파비앙
그럼 모든 사람이랑
말을 잘하는 거 아냐?

블랑슈
하지만 얼어붙을 때가 있어.

파비앙
얼어붙어?

블랑슈
응. 누군가를 좋아하면,
좋아하는 사람 앞에서는
벙어리가 되지.
그게 아니면 바보 같은
소리나 뻔한 얘길 늘어놓고.
누구 말하는지 알지?

파비앙
알렉상드르? 그래, 알아.
걜 두고 널 좀 놀렸었잖아.
근데 정말로 그 녀석이
좋은 거야? 저번에 걔랑 같이
있었어?

블랑슈
아니. 전혀. 그 사람이 먼저
손을 내밀어주긴 했지.
파리에 태워다주겠다고
했거든… 그런데 내가 또
바보같이 괜찮은 척 점잔을
떨어버렸어. 그러면 내 계획이
틀어질 거란 식으로 말이야.
뭐, 결국 제대로 틀어져버렸지…
어쨌든 그 사람은 억지를
부리진 않았고, 난 그렇게
절호의 기회를 날려버린 거야.

파비앙
넌 다른 남자를 만날 수
있을 거야. 그리고 또…

블랑슈
또 뭐?

파비앙
그리고 또… 그러니까 어쨌든
네가 크게 잃을 건 없다고 봐.
네가 그 녀석을 좋아하는 게
도무지 이해가 안 돼.

블랑슈
너 꼭 레아처럼 말한다.
모든 여자들이 그 남잘
좋아한다면서, 내가 좋다니까
왜들 그렇게 놀라는지 몰라!

파비앙
그건 네가 다른 여자들과
달라서 그런 걸 거야.

블랑슈
난 도대체 어떤데?

파비앙
글쎄. 어쨌든 난 네가
그 녀석이랑 어울리지
않는 것 같아.

블랑슈
그 남잔 잘생겼고
난 못생겼다 이거지. 이 말이
하고 싶은 거야?

파비앙
그게 무슨 소리야?
넌 못생기지 않았어!

블랑슈
아니, 너 그렇게 생각하잖아.

파비앙
전혀. 너 정말 예뻐.
다른 어떤 여자들만큼이나.

블랑슈
레아만큼은 안 예쁘잖아?
그러니 바보 같은 소리 말라고.

파비앙
레아! 그래, 레아 얘길 좀
해볼게. 들으면 놀랄 수도
있지만 사실 레아는 내 타입의
여자가 아니야. 레아가 나한테
적극적으로 다가오지 않았다면
내 눈에 띄지 않았을 거야.
끌리는 타입이 있긴 한데,
오히려 네가 거기에
훨씬 가까워.

블랑슈
입에 발린 소리 좀 그만해!
도대체 왜 그러는데?
네가 그렇게 생각 안 한다는 거
알아.

파비앙
입 발린 소리 아니야. 내 생각을
말하는 거야. 친구로서 말하는
거라고. 이해해보려는 거야.
널 이해하고, 또 날 이해하려는
거라고. 난 레아를 사랑하지만
나와는 너무나 멀게 느껴져.
내가 레아를 사랑하는 건 아마도
그녀가 내게 너무나 뜻밖의

사람이라서겠시. 그런데 난
이제 알고 지낸 지 겨우 일주일
정도밖에 안 된 네가 더 편하게
느껴져.

블랑슈
그게 바로 우정과 사랑의
차이지. 누군가를 사랑할 땐
자신이 그 사람의 수준에 맞지
않다고 생각하는 법이니까.

파비앙
정말 그럴까? 어쨌든 네가
수준 얘기를 꺼냈으니 말인데,
네가 좋아하는 알렉상드르는
네 한참 아래야.

블랑슈
도덕적인 수준을 말하는 거야?

파비앙
외모부터도 그래. 그 녀석은
평범한 미남이라고. 그러니 모든
여자들이 좋아하지. 그 녀석을
좋아하면 너도 평범해지는 거야.

블랑슈
나도 평범한가 보지, 뭐!
넌 날 너무 좋게만 보는 것 같아.

파비앙
넌 전혀 평범하지 않아.
난 너를 좋게 보고 있지만,
동시에 매우 정확히 보는
거라고. 넌 정말정말정말

괜찮은 사람 같아. 난 사실을
말하는 거야.

블랑슈
네 말 안 믿어.

마르세 광장.
블랑슈와 파비앙은 한 레스토랑의
테라스에서 저녁을 먹는다.

블랑슈의 아파트 건물.
파비앙이 블랑슈를 건물 입구까지
데려다준다. 두 사람은 별이 빛나는
하늘을 올려다본다.

파비앙
내일 날씨가 좋을 것 같아.
운전해서 오지 마.
내가 데리러 올게.

물놀이장.
블랑슈와 파비앙은 물놀이를 하고,
풀밭에 누워 일광욕을 즐긴다.
두 사람은 오래된 미루나무 오솔길을
산책한다.

공원.
블랑슈와 파비앙은 전 세계 인종이
섞여 있는 사람들 사이를 걷는다.

사람들이 식사를 하고 있다. 초목을
가로지른 두 사람은 아이들을 위해
지어놓은 오두막집에 다다른다.

파비앙

아, 좋다! 이제야 감자튀김이랑
기름 냄새가 안 나네. 언젠가
일요일에 레아를 한번 데리고
온 적이 있었어. 레아는 도저히
못 있겠다면서 다시는
오지 않겠다고 했었지.

블랑슈

뭐랄까, 난 외국을 여행하는
느낌이야. 그럴 땐 다른
곳에서라면 질색했을 것들을
받아들이게 되잖아. 특히
냄새가 그렇지. 사실 오히려
시간 여행을 하는 느낌에
가까워. 예전에 노동자들이
센 강이나 마른 강가로 나들이를
오곤 했다잖아. 이제 그런 게
없어졌으니까.

파비앙

하지만 여기 오는 사람들
대부분은 세르지 사람들이
아니야. 아주 못사는
외곽 동네에서 온 거지.
다 무너져가는 영세 아파트에서
다닥다닥 붙어 사는
사람들이라고. 그러니 그들에겐
여기 온 게 베르사유에

온 것과 마찬가지지. 베르사유
궁전 말야!

블랑슈

그래. 어쨌든 냄새로 말하자면
일요일 오후에 꽉 막힌
고속도로에서 나는 휘발유
냄새보단 소시지 냄새가 나아.

두 사람은 가파른 오솔길을 몇 번
오르내리더니, 풀로 뒤덮인 언덕에
이른다. 굽이도는 우아즈 강의 형태가
그려지는 곳이다. 그들은 경치에
감탄하면서 도청, 전력공사 타워,
벨베데르 탑 등을 알아본다.

우아즈 강 기슭.
블랑슈와 파비앙은 강을 따라 난
오솔길을 걷는다. 처음엔 길의 폭이
넓어 나란히 걷는다. 두 사람은 더 이상
말이 없다. 파비앙이 블랑슈 쪽으로
고개를 돌리니 그녀도 그를 바라보고
있다. 블랑슈도 자신을 바라보는
파비앙을 보더니 미소 짓는다. 길이
좁아지더니 버려진 공원의 벽이
나타난다. 파비앙과 블랑슈는 벽을
넘어 커다란 나무들이 만든 그늘
속을 걷는다. 블랑슈는 걸음을 멈추고
고개를 들어 오후의 햇살이 반짝이는
무성한 나뭇잎들을 바라본다.
눈물 한 방울이 그녀의 뺨을 타고
흘러내린다.

파비앙
너 울어?

블랑슈
눈물을 훔치며
아냐!

파비앙
햇빛 때문에 그래?

블랑슈
아니. 나도 왜 이러는지
모르겠어… 아마 이 고요함
때문인가 봐… 그게 아님,
해가 저물기 시작하면
왠지 모르게 마음이 좀
뒤숭숭해지잖아. 하지만 난
지금 기분이 좋아. 심지어
너무 좋다고.

파비앙
무슨 말이야? 너무 좋다니?

블랑슈
맞아, 너무 좋아.

파비앙
블랑슈를 품에 안으며
안아도 될까?

블랑슈
미안해. 신경과민인가 봐.

블랑슈는 더 크게 흐느끼기 시작한다.
파비앙이 그녀의 머리를 쓰다듬는다.

파비앙
괜찮아. 뭐가 미안해.
더구나 기쁨의 눈물이라며.
아주 좋은 거잖아.

블랑슈
앉으며
기쁜 건 아니야. 나도 그랬으면
좋겠지만, 아니라고.
블랑슈는 한층 더 크게 흐느끼면서
무릎에 얼굴을 파묻는다.

파비앙
나한테 얘기해봐. 내가 도움이
될 수도 있잖아.

블랑슈
눈물로 범벅이 된 얼굴을 들며
아무것도 아냐. 그냥 바보 같은
여자애의 생각일 뿐이라고.
게다가 너한테는 말할 수 없는
거야. 특히 너한테는.

파비앙
특히 나한테? 도대체 왜?
얘기해도 돼.

블랑슈
그러니까… 내가 우는 건 네가
여기 있기 때문이야. 왜냐면
너랑 있으니 내가 지금…

파비앙
블랑슈에게서 떨어져 멀어지며
내가 거슬리는 거라면, 갈게.

블랑슈
풀밭에 드러누우며
아니, 가지 마. 너랑 있어서
정말 좋단 말이야. 난 그저 지금
너랑 함께 있어서 좋은 만큼
다른 남자랑 있을 때도 그랬으면
좋겠어서 그래.

파비앙
그렇게 절망하지 말라고.
알렉상드르를 갖게 될 테니까!

블랑슈
하지만 그 사람과 함께
있을 때도 이렇게 좋을 수
있을지 모르겠어.

파비앙
그럼 포기해!

블랑슈
싫어! 친구랑 같이 있을 때
좋은 만큼 애인이랑 그러지 못할
이유는 없잖아.

파비앙
그러지 못할 이유야 없겠지만,
사실 보통은 그래.
나도 레아랑 있을 때보다
너랑 있을 때 더 좋다고.

블랑슈
이제 이 얘긴 하지 말자.

블랑슈는 파비앙의 손을 잡고

그의 품에 편히 안긴다. 파비앙은
그녀의 팔, 어깨 그리고 목덜미를
차례로 어루만진다.

파비앙
괜찮지?

블랑슈
고개를 들어 그를 바라보고는
웃음을 터뜨리며
네가 정말 좋아!

블랑슈는 파비앙의 뺨과 입술에 차례로
입 맞춘다. 파비앙이 그녀를 안아
풀밭에 완전히 눕히자 두 사람은 긴
키스를 나눈다. 블랑슈가 몸을 뺀다.

블랑슈
이제 그만!

파비앙
그래.

블랑슈
넌 그래야 한다고
생각 안 해?

파비앙
그렇게 생각해.
그런데 사실 잘 모르겠어.
블랑슈의 손을 잡는다.
난 널 정말 많이 좋아하는 것
같아. 네가 원하지 않는데
내 마음대로 할 생각은
전혀 없어…

블랑슈
아까는 내가 원하는 것 같았어?
맞아. 난 내가 원하는 건 꼭
하는 성격이야. 누구도 그런 날
막을 수는 없지. 하지만 레아는
내 친한 친구야.

파비앙
아, 그거였어? 난 다른 사람
때문인 줄 알았지.

블랑슈
알렉상드르? 뭐, 조금은
그렇지만 레아 때문이 훨씬 커.

파비앙
레아는 지금 좋은 시간을
보내고 있을 거라고.

블랑슈
그래서 이렇게 복수하는 거야?

파비앙
아니, 전혀. 그런 생각 안 해…
내가 생각하는 건 레아가
아니야. 너와 나를 생각하고
있어. 세상에 혹은 무인도에
우리 둘뿐인 느낌이야. 예전에
난 숲속에서 여자를 만나는
꿈을 꾸곤 했었어. 우리는
숲속의 빈터에서 만나,
홀린 듯 서로에게 다가가 사랑을
나누고는 각자 가던 길을 가지.
서로의 이름조차 모른 채.

하지만 이건 남자들의 공상에
가까워. 여자보다는.

블랑슈
그래? 난 여자들의
공상인 것 같은데…
우선 나부터도… 하지만…

파비앙
블랑슈를 자신에게 가까이 당기며
하지만 뭐?

블랑슈
아무것도 아냐.

블랑슈는 다시 몸을 뒤로 젖힌다.
그리고는 파비앙을 데리고 우거진
수풀 속으로 간다.

블랑슈의 아파트.
아침 8시.
블랑슈와 파비앙은 일어났다.
파비앙이 나갈 준비를 한다. 블랑슈가
파비앙에게 키스한다. 그가 블랑슈를
품에 안으려 하자, 그녀는 몸을 뺀다.

블랑슈
안 돼. 이제 끝이야.

파비앙
끝이라니 뭐가?

블랑슈는 파비앙에게서 멀어지며
그에게 그대로 있으라는 신호를 한다.

ÉRIC ROHMER

162

블랑슈
정말 좋았어.
그리고 좋게 남으려면,
계속되면 안 되는 거야.

파비앙
너…
다신 날 안 보려고?

블랑슈
널 다시 보겠지.
하지만 친구로 볼 거야.

파비앙
친구로?

블랑슈
우리는 서로 사랑하지 않잖아.
넌 다른 여자를 사랑하고,
나도 다른 남자를 사랑하지.

파비앙
내가 아직도 레아를
사랑하는지 난 잘 모르겠어.
그리고 확실한 건
널 좋아하는 내 마음은
우정 이상이라는 거야.

블랑슈
아니, 그러면 안 돼.
되풀이되면 안 되는 일이
있는 거야. 나 너랑 정말 좋았어.
지금껏 함께했던
그 어떤 사람보다도 더.

파비앙
블랑슈에게 다가가
그녀의 목덜미를 손으로 감싸며
그렇담 그만두는 건
어리석은 일이지.

블랑슈
그 말 네 진심이 아니잖아.
난 네게 누군가의
대신이었을 뿐이야.
너도 나에게 그랬고.

파비앙
너 미쳤어?

블랑슈
자, 우리 추억을 망치지 말자.
둘만의 비밀로 간직하는 거야.

파비앙
그래. 알았어.

블랑슈
무슨 일이 있어도 레아에게
절대 말하지 않겠다고 약속해.

파비앙
당연하지.

파비앙은 심각한 얼굴로 무슨
대답이라도 하려는 듯 잠시 그녀를
바라보며 서 있다가 "그럼 이만."이라는
말로 대신하고 문으로 향한다.
블랑슈가 그를 따른다. 그가 인사를
하기 위해 돌아서자, 블랑슈는

까치발을 들고 그의 입술에 짧게
입 맞춘다.

블랑슈의 사무실.
늦은 오후, 블랑슈는 레아로부터
돌아왔다는 전화를 받는다.
블랑슈는 레아에게 저녁에 자신의
집으로 오라고 말한다.

블랑슈의 아파트.

레아
우리 다시는 못 보는 줄
알았는데!

블랑슈
난 처음부터 안 믿었어.

레아
그렇긴 해도 내가 다시
네 이웃으로 돌아올 줄은
몰랐잖아. 결국 나 파비앙이랑
다시 잘해보기로 했어.

블랑슈
놀란 기색을 애써 감추며
그렇구나!

레아
너 엄청 놀란 것 같다.
하긴 그럴 만도 하지. 내가
너에게 한 말이 있는데!

하지만 내가 어리석었어.
난 파비앙을 사랑해. 난 항상
그의 곁을 떠나 있을 때에야
그 사실을 깨닫지. 같이
떠났던 남자는 형편없었어.
정말 보잘것없는 남자였지.
그러고 나서 다른 남자들을
만났는데, 그럭저럭 괜찮은
편이었어. 하지만 결국
아무하고도 잘되지 않았어.
파비앙과 사귄 이후로 늘 같은
패턴이야. 내가 떠났다가,
바람을 피우려고 했다가,
중간에 그만두고 다시 돌아와서,
결국 우리는 서로의 품에
안기지. 파비앙은 다음 주에
휴가야. 같이 떠나기로 했어.
넌? 별일 없었어?

블랑슈
응. 잘 지냈어.

레아
정말 별일 없었던 거 맞아?

블랑슈
응. 그렇다니까.

레아
왠지 모르게 네 분위기가 좀
묘한 것 같아서.

블랑슈
네가 날 그렇게 바라보는데

당연하지…

레아

네가 좀 달라 보여서 그래.
내가 떠나기 전에 본 네 모습이
아니야. 하긴, 난 모든 사람들을
두고 그러니까. 재밌는 게,
일주일이든 이주일이든 잠깐
누군가를 떠났다 돌아오기만
하면 그 사람이 달라
보인다니까. 사실 그 사람이
달라진 게 아니라 그를 보는
나의 방식이 달라진 거겠지.
그래, 변한 건 나의 시선이야.
정말 이상해. 안 그래?

블랑슈

이해해. 나도 그럴 때가
있으니까. 하지만 난 그것보단
더 긴 시간이 필요해.

레아

어때, 네가 보기에 난 그대로야?

블랑슈

좀 탄 것 말고는.

레아

넌 많이 탔는데.
그래서 네가 달라 보였나 보다.
수영하러 갔었어?

블랑슈

응. 윈드서핑도 좀 하고.

레아

그럼 파비앙을 봤겠네?

블랑슈

어색해하며

응. 토요일에 왔더라.
그리고 일요일에도.

레아

혼자? 아냐, 대답하지 마.
혹시라도 네가 그에 대한
수상쩍은 점을 알고 있다면 절대
나한테 말하지 마. 지금 우린
너무 행복하단 말이야. 이렇게만
지내면 얼마나 좋을까!
그러고 보니 너 롤랑가로스
경기는 보러 갔었어?

블랑슈

응, 덕분에. 고마워.
정말 재밌더라.

레아

알렉상드르는? 왔었어?

블랑슈

응. 하지만 거의 얘길 못 했지.

레아

널 알아보긴 했어?

블랑슈

당연하지! 몇 마디 나누긴 했어.

레아

몇 마디?

블랑슈
그냥 뻔한 대화.

레아
그랬구나. 근데 난 별로
안 궁금해.

블랑슈
왜, 너도 궁금할 만한데.
어쨌든 난 그 사람에게
할 말을 하나도 찾지 못했어.
그리고 며칠 뒤 길에서 우연히
마주쳤는데 그때도 난 아무 말도
제대로 못 했지.

레아
이제 그 남자가 별로야?

블랑슈
도전적인 말투로
아니. 그 어느 때보다 더
마음이 가… 어쨌든 그
남자가 날 피하는 건 확실히
아닌 것 같아. 그래서 포기하지
않으려고. 언젠간 내가 덜
바보 같길 바라면서.
블랑슈는 약간 억지웃음을 짓는다.

레아
나도 그러길 바랄게.
어쨌든 넌 내가 그 문제에 대해
어떻게 생각하는지 알잖아.
하지만 널 말릴 마음은 없어.
오히려 도우면 모를까.

너 토요일에 시간 돼?

블랑슈
응. 왜?

레아
파티에 갈 거야.
초대받았거든. 너도 우리랑
같이 가고 싶으면…

블랑슈
우리라니 누구?

레아
당연히 파비앙이랑 나지.
아마 알렉상드르도 올 거야.

블랑슈
그래. 못 갈 거 없지.

레아
좋아, 같이 가는 거야.

비로플레의 전원주택.
파티에 도착한 블랑슈의 눈에
처음으로 들어온 것은 정답게 껴안고
있는 파비앙과 레아다. 블랑슈는
두 사람에게 다가간다. 레아는
블랑슈가 어색해하는 것도, 파비앙이
어색해하는 것도 눈치채지 못한 듯
보인다. 잠시 후 레아가 두 사람을
남겨놓고 자리를 뜬다. 두 사람도 바로
돌아서서 헤어지지만 뷔페에서 다시
만난다. 이야기를 나누지도,

서로 바라보지도 않은 채 음식을
담는다. 마침내 블랑슈가 침묵을
깨기로 한다.

블랑슈
아무리 그래도
우리가 지난번 길에서 만났을
때처럼 굴 순 없잖아!

파비앙
그럼. 그렇게는 안 되겠지.
나 원망해?

블랑슈
내가 왜 널 원망하겠어?

파비앙
그냥.

블랑슈
그 반대야! 보라고,
모든 게 다 제자리로
돌아왔잖아. 내 말이 맞았어.

짧은 대화를 나눈 뒤 블랑슈와
파비앙은 정원을 구경하러 간다.
곧 레아가 따라와 파비앙의 허리를
감싼다. 알렉상드르가 도착한다.
그는 혼자 왔다. 몇몇 친구와 인사를
나눈 후 초대된 사람들을 쭉 둘러본다.
파비앙이 다가온다. 레아와 블랑슈도
함께다. 알렉상드르는 두 여자의
옷차림을 칭찬한다. 특히 그 칭찬이
블랑슈에게 향하자, 블랑슈는
재치 있게 받아친다. 그러고는 넷이서

잠시 옷에 대한 이야기를 나눈다.
그렇게 대화가 제대로 시작되려는데
갑자기 알렉상드르가 돌아가야
한다고 말한다.

알렉상드르
미안. 일이 많아서.
휴가 전에는 마무리해야 하는
일이 몰리곤 하잖아. 그래서
집으로 일을 좀 들고 왔거든.

레아
아쉽다. 모처럼 만났는데.
휴가는 언제 가?

알렉상드르
열흘쯤 뒤에. 그 전에 또
볼 기회가 있겠지.

레아
말이 나왔으니 말인데,
너 금요일에 뭐 해?

알렉상드르
금요일? 별일 없는데. 왜?

레아
생제르맹에 있는 친구 집에서
파티가 있거든.

알렉상드르
정확히 어딘데?

레아
나도 지금 정확히는 몰라.
카페 콜롬비아에서 만나서

같이 가면 어때.

알렉상드르
좋아.

알렉상드르는 다시 한번 블랑슈의
옷차림을 칭찬하고는 떠난다.
그가 떠나자 블랑슈가 레아에게 무슨
파티인지 묻는다.

레아
내 남동생 친구들이 여는
파티야. 대입시험 합격을
축하하는 자리래.

블랑슈
뭐? 꼬맹이들이잖아!
그 사람이 가서 뭘 하겠어?

레아
가서 별로면 그냥 나오겠지.
너도 같이 나오고!

카페 콜롬비아.
약속한 날이 됐다. 블랑슈가 먼저
와 있다. 잠시 후 레아가 큰 짐가방을
들고 도착한다.

레아
아, 정말 힘든 하루였어!
무슨 일이 있었는 줄 알아?
나 파비앙이랑 헤어졌어.
이번엔 완전히.

블랑슈
아니길 바랄게. 너희 둘은
늘 다시 화해했잖아.
이번에도 그럴 거야.

레아
이번엔 아니야.
있지, 우린 사이가 틀어진 게
아니야. 싸우지도 않았다고.
차분하게 서로 잘 이야기하고
헤어진 거야. 놀랐어?

블랑슈
미안하지만 난 못 믿겠어.

알렉상드르가 도착한다.
레아, 블랑슈와 차례로 인사하고
자리에 앉는다.

알렉상드르
안녕!

레아
잘 지냈어?

알렉상드르
휴가철엔 늘 기분이 좋지.
넌 언제 떠나?

레아
난 벌써 다녀왔어. 아마 또
가겠지만 아직 언제일진
모르겠어.

알렉상드르
파비앙이랑 같이 가?

레아
응. 사실, 아니. 그건 별로
안 중요해. 어쨌든 지금으로선
아무것도 모르겠어.

알렉상드르
블랑슈에게
당신은요? 휴가 가세요?

레아
네. 다음 주가 휴가예요.
어디로 갈진 모르겠네요.

알렉상드르
즉흥적으로 정하는
타입이시군요. 사실 저도
그래요. 그건 그렇고 오늘
가는 곳이 어디야?

레아
친구들 집. 그러니까
친구의 친구들.

알렉상드르
좋은 사람들이야?

레아
그럴 거야. 내 남동생의
친구들이야.

알렉상드르
너 남동생 있었어? 몇 살인데?

레아
열여덟. 얼마 전에
대입시험을 봤지.

알렉상드르
거기 가면 난 노인네 취급을
당할 거 아냐!

레아
우리도 마찬가지야. 가서
재미없으면 우리끼리 놀다가
다른 데로 가면 되지.

알렉상드르
아, 알겠다. 네가 혼자 가긴
싫고, 그런데 파비앙은 같이
안 간다 그러고, 그래서 나를
찍은 거구나.
블랑슈에게 미소 지으며
우리를 찍은 거라고.
그래, 네가 말한 대로, 가서
재미없으면 다른 데로 가자.

레아
그런 거 아니야!
그리고 누가 알아, 거기서
멋진 여자를 만날지.

알렉상드르
내겐 매력적인 파트너가
둘이나 있잖아. 두 여자분들을
내버려두진 않을 거라고.

레아
나야 괜찮지만 혹시 블랑슈가…

알렉상드르
레아의 말을 자르며
저번에 파티는 괜찮았어?

레아
아주 좋았어.
너도 더 있다 가지 그랬어.

알렉상드르
일이 많았다고 얘기했잖아.
다른 이유도 있었어. 사실
좀 더 있을 수 있긴 했는데 내가
불편하게 하는 것 같더라고.

레아
누굴 불편하게 해? 우리?

알렉상드르
무슨 소리야? 아니.
그때 거기 있던 사람들인데
너는 누군지 몰라.

레아
아, 상당히 막연한 얘기네.

알렉상드르
네가 모르는 사람들이니까
얘기할게. 재밌는 게,
내가 알고 지내던 두 사람의
연애를 뜻하지 않게 목격하게
됐거든. 난 그 둘이 원래
아는 사이인 줄도 몰랐는데.
하마터면 서로를 소개시킬
뻔했지. 내가 두 사람 각자와
친했던 것보다 실은 그 둘이
더 친했다는 사실을 마지막
순간에야 알게 된 거야.
무슨 말인지 알겠어?

레아
그럼 그 여자랑 친했나 보네?

알렉상드르
무슨 소리야. 그 여잔
내 타입도 아니야.

레아
너도 좋아하는 타입이
있단 말이야?

알렉상드르
있지, 그럼.

레아
말해줄 수 있어?

알렉상드르
육감적인 40대 여성.
왜? 안 될 거 있어?

레아
그래. 안 될 거 없지.
하지만 오늘 저녁에 그런 여자를
찾긴 어려울 것 같은데.

알렉상드르
찾을 생각 없어.

레아
이미 있어서?

알렉상드르
레아에게
얘 정말 호기심이
많은 것 같지 않아요?

블랑슈
잠겨 있던 생각에서 빠져나오며
뭐라고요?

레아
내가 호기심이 많은 것 같아?

블랑슈
응, 좀 그런 편이지…
저기 있잖아, 나 몸이 안 좋은 것
같아. 아마 좀 전에 먹은
아이스크림 때문인가 봐.

레아
커피 마실래?

알렉상드르
술을 좀 하실래요?

블랑슈
일어나며
아니요, 괜찮아요. 난 그냥
집에 가는 게 나을 것 같아.

레아
너 차 안 갖고 왔잖아!

알렉상드르
괜찮으시면 제가
데려다드릴게요.

블랑슈
아니에요. 곧 출발하는
기차가 있어요.

블랑슈는 거의 뛰어가며 자리를 뜬다.

알렉상드르가 자리에서 일어난다.

알렉상드르
기다려요! 금방이면 돼요!

하지만 블랑슈는 돌아보지도 않고
가버린다. 알렉상드르가 다시
자리에 앉는다.
참, 도저히 이해가 안 되네.
도대체 왜 저러는 거야?

레아
아무것도 아냐. 그냥 겁이
나서 저래. 이성적인 사람들도
그럴 수 있는 거잖아.

알렉상드르
왜 겁을 먹어?

레아
너도 알잖아. 모르는 척하지 마.

알렉상드르
나 때문에 겁을 먹었다고?

레아
맞아. 블랑슈는 자기가 너에게
느끼는 감정을 네가 자기에게
느끼지 않을까 봐 두려운 거야.
너무 눈에 보여서 이건 내가
비밀을 발설하는 것도 아니라고.

알렉상드르
내가 무슨 말을 해주길 바라는
거야? 그런 얘기라면 겁을
내는 게 당연하지. 그걸 눈치챌

만큼은 예민한 사람이잖아.
더 일찍 깨닫지 못했다는 게
놀라울 따름인데.

레아
사랑을 하면 바보가 되는
법이잖아.

알렉상드르
사랑? 너무 나간 것 같은데…

레아
아냐! 블랑슈는 진심이라고.
심지어 어느 정도냐면…
어쨌든 내가 너한테 이런 얘길
하는 건 네가 괜히 헛된 희망을
주면서 블랑슈를 갖고 놀지
않았으면 해서야.

알렉상드르
내가? 내가 그랬다고?
내가 그러는 거 봤어? 언제?
난 항상 그 친구에게 거리를
뒀다고. 오히려 쌀쌀맞게
굴었다면 모를까!

레아
그럼 도대체 왜 오겠다고
한 거야? 뭔가 있을 거라고
생각했던 거 아니야?

알렉상드르
맞아. 하지만 나에게 오라고
한 건 블랑슈가 아니었잖아…
난 네 친구는 별로야. 하지만

넌 참 좋아. 너도 알잖아…
네가 남자친구만 없었더라면…

레아
그만해! 됐다고!
날 꼬실 생각 마.

알렉상드르
누가 꼬신대? 네 남자친구는
내 친구라고.

레아
내 남자친구?
내 전 남자친구겠지.
여기 가방 보이지? 내 짐들이야.
방금 집을 나왔어.

알렉상드르
설마. 정말이야?

레아
그래. 그렇다니까.
파비앙이랑 헤어졌어. 이제
길거리에 나앉은 신세지.

알렉상드르
망설임 없이
우리 집으로 와.

레아
잠깐, 이거 왜 이래!
난 부모님 댁으로 갈
거야. 거기서 한동안
지내려고. 난 아직 남자랑
같이 살 만큼 성숙하지

않은 것 같아. 그러니 충고하건대,
진정하시라고요.

알렉상드르
그래, 그렇게. 근데 너 정말…
오늘 파티에 꼭 가야 해?

레아
잠깐 들르지, 뭐. 그러고 나서
같이 저녁 먹으러 가자.

세르지생크리스토프 역.
아드리안이 역 로비에서 파리행 기차를
기다리고 있다. 블랑슈를 발견하자
늘 그렇듯 생기 넘치게 다가와 반갑게
인사한다.

아드리엔
블랑슈! 어머, 안녕!
너무 반갑다. 잘 지내?

블랑슈
잘 지내.

아드리엔
근데 좀 우울해 보이네.
아직 휴가 안 간 거야?

블랑슈
다음 주에 가. 넌?

아드리엔
난 벌써 다녀왔지.
난 말야, 갔다가 돌아왔다가

또다시 가고 그래.
지금 집에 가는 길이야?

블랑슈
응, 맞아.

아드리엔
블랑슈의 옷차림을 보며
너 오늘 정말 예쁘다!
저녁에 뭐 해? 약속 있니?
음, 네가 좋아할지 모르겠지만,
난 지금 전시회 오프닝 파티가
있어서 파리에 가거든.
재밌을 거야. 너도 같이 가자!

식당.
레아와 알렉상드르가
우아즈 강가의 한 식당 테라스에서
저녁을 먹고 있다.

레아
이제 뭘 해야 할지 전혀
모르겠어. 원래는 파비앙과 함께
다시 휴가를 가려고 했거든.
하지만 난 바다를 좋아하지
않고, 그러니까 '그의' 바다를
좋아하지 않고, 그는 '나의'
시골을 좋아하지 않으니 타협을
할 수밖에 없었지. 그러다
우리는 깨달은 거야. 서로에게
서로가 없는 게 낫다는 걸.
휴가를 위해서도, 앞으로의

삶에서도. 그리고 난 이제
어디로 가야 할지 모르게 됐지.

알렉상드르
나랑 같이 가자. 친구들을
만나러 갈 거야. 그러니
휴가를 우리 둘이서 보내는 건
아니라고. 가면 네 맘에 드는
아주 잘생긴 남자들이 분명
있을 거야.

레아
농담으로
아, 그거 괜찮은 생각이네!
하지만 블랑슈가 뭐라고
하겠어?

알렉상드르
블랑슈가 이 일과 무슨
상관이야? 내겐 아무 의미 없는
사람이라고.

레아
그렇지만 내 친구잖아.
내가 자기 남자를 채간 걸 알면
죽도록 괴로워할걸.

알렉상드르
난 그 애 남자친구가 아니야!
앞으로도 그럴 일 절대 없고.
이건 정말 웃긴 얘기야.
바보가 아니라면 블랑슈도
자기에겐 희망이 한 톨도
없단 걸 깨닫겠지!

레아
너 걔한테 뭐 악감정 있니?
아주 좋은 애야. 게다가 정말
예쁘고.

알렉상드르
그럴지도 모르지. 하지만
내 타입은 아니야. 전혀.

레아
네 타입이 도대체 뭔데?
육감적인 40대 여성 말고.

알렉상드르
말하자면 블랑슈 빼고 다 좋아.
난 그렇게 작은 몸집에 얼굴이
동그란 여자는 딱 질색이야.

레아
너 너무하다.

알렉상드르
난 늘씬한 여자가 좋아.
키는 크고. 너무 큰 건 싫지만.

레아
머리 색깔은?
갈색 아님 금발?

알렉상드르
갈색 머리. 또 살짝 탔지만
매우 곱고 투명한 피부도.
그런 여자에게 특히 끌려.
거기에다 큰 눈에 윤기 나는
속눈썹을 가진 여자라면…

레아
당장 그만둬! 나한테 수작
부리지 않기로 했잖아.

알렉상드르
수작 부리는 거 아니야!
네가 내 타입을 말해달라길래
말한 것뿐이라고. 이를테면
아드리엔보다는 네가 나의
이상형에 훨씬 가깝다는 말이지.
사실 난 늘 너에게 끌렸어.
하지만 운명은 다르게 흘러갔지.

레아
그래, 운명! 하지만 운명을
만드는 건 너 자신이야.
점잔 빼지 말라고!

알렉상드르
아냐. 네가 틀렸어. 연애에
있어서 난 적극적으로 나서는
사람은 아니야. 난 전혀
유혹자가 못 된다고. 그냥
여자들이 날 좋아하는 거야.
그리고 그것 때문에 나쁜 버릇이
들었어. 오히려 불리하다니까.
여자들이 날 찾기 때문에 난
내가 먼저 찾으려는 노력을
하지 않지. 그럼 결국 정말
괜찮은 여자들은 만나지 못하게
된다고. 마음에 드는 여자가
나타나면, 어차피 언젠가는
그 여자를 만나게 될 거란 걸

난 아는 거야. 그러니 너무
일찍 만나는 것보다는 나중에
만나는 편을 택하는 거지.
예를 들어 지금 너를 보라고.
6개월 전보다는 지금 널 만나는
게 좋잖아. 너도 자유의 몸이고,
나도 자유의 몸이니.

레아
그만 좀 해! 세상에!
자유롭다는 건 아무 의미
없는 거야. 있지, 난 너 같은
타입의 남자는 좋아하지
않아. 적극적으로 다가오는
남자가 좋아.

알렉상드르
네가 파비앙이랑 사귀고
있었으니까!

레아
그래. 하지만 그럼 네가
미친 듯이 질투를 했어야지.

알렉상드르
내가 질투 안 했다고 누가 그래?

레아
행동을 보고 그 사람을
판단하는 법이니까. 사실이라면
네가 뭔가 미친 짓을 했어야해.

알렉상드르
그럼 우리 같이 떠나자.
널 납치할게!

L'AMI DE MON AMIE

175

레아
미친 짓이라기엔 약한데!
그리고 내가 이미 싫댔잖아.

알렉상드르
난 네가 좋다고 대답한 줄
알았는데.

레아
아니. 싫다고 했어.

알렉상드르
그렇다면 더 미친 짓을
찾아봐야겠네. 나랑 같이 살자!
간단하잖아. 집도 다 챙겨 나온
마당에. 그리고 혼자 살기에
우리 집은 너무 커.

레아
네가 정말 혼자 있을 때야
그렇겠지!

알렉상드르
나 지금 혼자야.

레아
그럼 그렇게 지내. 난 부모님
댁으로 가야 해. 간다고 이미
말씀드렸단 말이야.

알렉상드르
전화드리면 되지.

레아
주무실 거야.

알렉상드르
그럼 널 기다리시는 것도
아니네!

레아
잠시 생각한 뒤
내가 네 집에 가서 살게
되더라도, 당장 그럴 일은
없을 거야. 우린 알고 지낸 지
이제 6개월 됐잖아. 그러니
적어도 6개월은 더 기다려.
그리고 한 가지 더.
그 6개월 동안 다른 어떤
여자도 만나선 안 돼.
그럼 너한테 넘어갈 수도
있을 것 같아.

알렉상드르
좋아. 그러지.
하지만 당연히 너도
아무도 만나면 안 돼.

레아
내가 가장 바라는 바야.

알렉상드르
6개월은 너무 긴 것 같지 않아?
6일이면 어때?

레아
6일 뒤면 넌 휴가를 떠나잖아.

알렉상드르
같이 가면 되지!

레아는 어깨를 으쓱대며
자리에서 일어난다.

레아
너무 늦었네. 나 데려다줄 거지?

파리, 한 식당.
아드리엔과 블랑슈는 마레 지구의
한 식당 테라스에서 저녁을 먹는다.

아드리엔
누구든 널 보면 관료직에 있다는
생각을 쉽게 못 할 거야. 난
오히려 예술적인 일이 네게
어울리는 것 같아. 그림을
그리거나 글을 쓰고 싶다는
생각은 안 해봤어?

블랑슈
난 예술 쪽엔 재능이 없어.
그림에도, 음악에도, 시에도.
또 혹시 내게 그런 재능이
있었다 하더라도 그걸 직업으로
삼을 수 있었을지 잘 모르겠고.

아드리엔
정말?

블랑슈
응. 내게 예술은 순전히
즐거움일 뿐이야. 감상하는
것만으로 충분해. 창작하고
싶은 마음은 없어.

아드리엔
그래, 그건 이해가 돼. 하지만
문제는 네가 사무실에서 하루
종일 붙어 있는 사람들이
그런 걸 감상할 마음이 없는
관료들이라는 거지. 네가
어떻게 그런 주변 사람들을
견뎌내는지 모르겠어.
그 사람들 머릿속엔 오직
한 가지 생각뿐이잖아. 계급
말이야. 사다리를 오르고, 평생
승진만을 바라보고, 남을 딛고
올라서지… 심지어 일 생각도
안 해. 그러니 사랑이라면
말 다했지. 난 잘 알고 하는
얘기야. 알렉상드르가 그렇거든.
딱 그 모양이야. 알렉상드르는
뛰어난 관료랍니다. 다른
이들보다야 조금 낫겠지만,
사실 거기서 거기야. 그 사람은
잘생겼지. 분명한 사실이야.
아주 잘생겼어. 똑똑하고 뛰어난
사람이지. 똑똑하다기보단
뛰어난 사람이라는 표현이
맞을 거야. 어떨 때 보면 진짜
똑똑한 게 맞는지 의심이
들거든. 내가 그 사람을
좋아한 건 내가 다니는 학교
사람들에 대한 반감 때문이었어.
왜냐면 그 사람들은 또 완전히
반대거든. 상대를 속물 취급
하면서 스스로 '예술가'처럼

보이려고 애를 쓰지. 내가
불가능한 걸 좇는 건지도
몰라. 내가 원하는 건 진정한
예술가야. 진정한 예술가의
영혼을 지닌 사람 말이야.
거기에 역동적인 젊은 남자의
매력적인 외모까지 갖췄다면…
터무니없는 소리로 들려?
그런 사람이 아예 없었던 건
아니야. 이를테면 이브 클랭.
알지? 온통 파란 그림을
그렸던 사람 있잖아. 나체의
모델에게 물감을 마구 칠한 다음
캔버스 위에서 몸을 문지르게
했던. 어쨌든 알렉상드르는
그런 사람은 아니야.

블랑슈의 아파트.
집으로 돌아온 블랑슈는 파비앙이
남긴 쪽지를 발견한다. 블랑슈의
집을 찾았지만 그녀가 없어 아쉽게
발걸음을 돌렸던 파비앙은 그녀에게
전화를 부탁한다.

뇌빌 호수.
블랑슈가 이미 약속 장소에 와 있다.
파비앙이 숨을 헐떡이며 도착한다.

파비앙
안녕! 미안해. 아침에 뭘 좀

사러 갔다 오느라고. 그리고
오후엔 부모님을 뵈러 수아송에
가야 해서. 월요일에 돌아와서
화요일에는 생말로로 떠날 거야.
하지만 그러기 전에 널 꼭 보고
싶었어. 지난번에 봤을 때
영 기분이 편치 않았거든.

블랑슈
나도 그랬어.

파비앙
잠시 말이 없다가
레아 만났어?

블랑슈
어제 만났지. 나한테 어렴풋이
얘기하더라…

파비앙
전혀 어렴풋한 얘기 아니야.
적어도 나한텐 그래. 우린
완전히 헤어지기로 했어.
싸우지도 않고 차분히 헤어졌어.
둘 다 동의했지. 둘이서 같이
즐겁게 휴가를 보낼 방법은 전혀
없더라고. 누군가 한 사람이
희생을 해야 할 테니까.

블랑슈
휴가만?

파비앙
나머지도 다. 휴가 얘기로
오해를 끝내게 된 거지.

레아가 돌아왔을 때, 왜 우리가
다시 만난 건지 모르겠어.

블랑슈
당연한 거잖아. 네가 레아를
사랑했으니까. 난 늘 그렇게
생각해왔어.

파비앙
아냐. 난 그때 이미 레아를
사랑하지 않고 있었다고. 너에게
얘기했지만 네가 내 말을 믿지
않았지. 내가 레아를 더는
사랑하지 않았기 때문에 그렇게
쉽게 다시 만난 걸 수도 있어.

블랑슈
뭐? 무슨 말도 안 되는 소리야?

파비앙
내 말이 언뜻 이해가 안 되겠지.
그리고 내가 설명을 하면
네 기분을 상하게 할 것 같아.

블랑슈
왜? 나한테 불쾌한 얘기야?

파비앙
아니. 그 반대야. 이건 너도
겪어본 일일 거야. 물론 네가
연애 경험이 많은 것 같진
않지만. 그건 나도 마찬가지고.
다른 사람이 좋아져서 만나던
애인과 헤어지면, 처음 얼마간은
원래 애인을 그리워하게 되잖아.

그러니까 그때 내가 레아를
다시 만나기로 한 건, 사실
내가 택한 사람은 너였단 걸
증명하는 셈이지.

블랑슈
차라리 레아를 다시 보니
나랑 비교가 됐고, 나는 상대가
안 됐었다고 말해!

파비앙
넌 왜 항상 자기 자신을
비하하는 거야? 내가 널
좋아하든 좋아하지 않든
네 알 바 아니라 해도, 적어도
내 말은 좀 믿으라고!
넌 나에게 화가 날 만했어.
그래서 널 만나러 온 거야.
네가 날 그런 변덕쟁이로 여기지
않았음 해서. 그래서라고.
물론 넌 그런 건 하나도
중요하지 않다고 하겠지. 왜냐면
넌 다른 남자를 좋아하니까.
하지만 내겐 중요한 문제야.

블랑슈
다른 남자 누구?

파비앙
누구겠어… 그 자식 말야.

블랑슈
알렉상드르?
나 이제 그 사람 안 좋아해.

파비앙
그래? 언제부터?

블랑슈
어제부터. 넌 왜 그렇게
오래 걸렸냐고 하겠지만,
어쨌든 계속 그러느니
늦게라도 그만두는 게 낫잖아.

파비앙
그걸 어떻게 알게 된 거야?

블랑슈
그 남자가 레아랑 얘기하는
모습을 보다가. 왜냐면
난 거기서 한마디도 하고 싶지
않았거든. 난 겁을 먹은 게
아니었어. 그냥 그러고 싶은
마음이 없어진 거지.
내가 뭘 사랑했던 건지
깨달은 거야. 그건…
내가 사랑한 건 사람이 아니라
이미지였어. 내게서 떠나지
않던 남자의 이미지가 있었어.
어린 시절에 꾸던
꿈 같은 게 계속됐던 거지.
하지만 이제 끝났어.
완전히 끝. 그 이미지는
나락으로 떨어졌어. 순식간에
벌어진 일이야. 갑자기
모든 것이 뒤바뀌었어. 흰색이
검은색이 되고,
검은색이 흰색이 된 거야.

파비앙
설령 이미지였다 하더라도
그렇게 쉽게 사라지진 않잖아.

블랑슈
아니! 만약 한 달 전에 그가
나를 사랑했거나, 아님 그냥
날 사랑한다는 말만 했어도
난 엄청 기뻤을 거야. 내 남은
인생 내내 안심이 됐을 거라고.
하지만 바로 그 순간 난 그를
더는 사랑하지 않게 됐을 거야.
왜냐면… 그 사람에 대한
흥미가 사라져버렸을 테니까.
그리고 어떤 남자를 만났는데,
그 사람과는 정반대의 일이
일어나버렸지.

블랑슈는 웃는다. 그녀의 웃음이
울음으로 바뀐다. 그녀는 파비앙의
어깨에 얼굴을 파묻는다. 파비앙은
그런 그녀를 꼭 안아주고, 그녀에게
키스한다. 블랑슈는 눈물을 닦는다.

파비앙
나와 함께 있어서 좋아?

블랑슈
응.

파비앙
나랑 같이 있고 싶어?

블랑슈
응. 가지 마.

파비앙
지금은 어쩔 수가 없어.
하지만 월요일에 돌아올게.

블랑슈
와서는 또 바로 떠날 거잖아.

파비앙
맞아. 하지만 같이 가면 되지.
네가 원한다면.

블랑슈
그때까지 네가 마음을
안 바꾼다면야.

파비앙
이제 다신 안 바꿀 거야.
내가 그러길 원해?
블랑슈는 대답 대신 고개를 들어
그에게 입술을 내민다. 두 사람은
감미로운 키스를 나눈다.
파비앙이 갈 준비를 한다.
미안해. 이제 정말 가야
할 것 같아. 출발하기 전에
남아 있는 레아의 짐을 걔
부모님 집으로 가져다줘야 해서
더 시간이 없네.

블랑슈
그럼 가서 레아를 보겠네?
…아무 말도 하면 안 돼.

파비앙
레아가 집에 있을 것 같진
않지만, 뭐 어쨌든 보게 된다면

우리에 대해 아무 말도
안 할게. 물론 난 가끔 너무
그러고 싶긴 하지만.

블랑슈
그래. 하지만 안 그러는 게
나아. 아직 일러. 레아에게는
내가 나중에 잘 얘기해볼게.
반응을 예측하기 어려운
애잖아. 이 일을 아주 나쁘게
받아들일 수도 있어.

파비앙
하지만 이제 나랑 레아는
완전히 끝난 사이라고!

블랑슈
아무리 그래도!

파비앙
그래. 난 이제 서둘러야겠어.
월요일에 보자.
저기 보이는 식당 어때?
파비앙은 반대편 강가의
식당을 가리킨다.
1시에 보자. 응?

———————————

도로.
레아와 알렉상드르는
드라이브를 즐긴다…

———————————

고급 레스토랑.

레아와 알렉상드르는 시골의 고급
레스토랑에서 저녁 식사를 한다.

레아 부모님의 집, 자정.
알렉상드르가 레아를
부모님 집 앞까지 데려다준다.

도로.
다음 날인 일요일,
두 사람은 다시 드라이브를 즐긴다…

세브르의 단독주택.
친구 집의 파티에 왔던
알렉상드르와 레아는 이제
돌아가려 한다.

알렉상드르
늦었네. 이제 가야지.

레아
벌써?

알렉상드르
응. 시간 정말 잘 간다!

레아
난 아득한 옛날부터 너랑 함께
지내온 듯한 느낌이야!

알렉상드르
6일 정도 되나?

레아
아니, 6개월은 돼!

알렉상드르의 집.
알렉상드르와 레아는 일어났다.
알렉상드르는 벌써 나갈 준비를
마쳤다.

알렉상드르
그럼, 난 이만 나가볼게.
괜찮으면 이따 식당에서
보자. 올랭피아드나
콜롬비아는 어때?

레아
안 돼.
블랑슈를 마주칠 수도 있어.

알렉상드르
뭐 어때서?

레아
우리가 같이 있는 걸 보면
블랑슈는 그대로 기절할 수도
있어. 금요일 생각 안 나?

알렉상드르
그날 블랑슈가 눈치를
챘잖아. 그리고 우리 둘 사이도
결국 알게 되겠지.

레아
그래. 하지만 그렇게
갑작스럽게는 안 돼.

보는 것보다는 듣는 게
덜 충격적이야.

알렉상드르
어떻게 말하느냐에 달렸지.
방법 좀 찾아봐. 너랑 단둘이
있고 싶단 말이야. 아무도
만날 염려가 없는 곳으로 가자.
이를테면 호숫가 식당 어때?

호숫가 레스토랑.
먼저 도착한 블랑슈는 테라스에 앉아
초조하게 파비앙을 기다린다.
파비앙이 좀 늦는다. 블랑슈가 등을
지고 앉아 있어 레아와 알렉상드르가
오는 것을 보지 못한다. 두 사람은
블랑슈를 알아본다. 잠시 망설이다
알렉상드르는 둑 뒤편 잔디 가장
자리에 앉아 몸을 숨긴다. 그사이
레아는 레스토랑의 테라스로 연결되는
계단을 오른다. 그녀는 식당 안으로
들어가는 것처럼 하다가 갑자기 고개를
돌리고는 블랑슈를 바라본다.
블랑슈는 그곳에 나타난 레아를 보고
크게 당황한다.

레아
블랑슈! 여기서 뭐 해?
정말 뜻밖이네!

블랑슈
점심 먹으러 왔어. 너는?

레아
난 지나가던 길이었어.
친구들이랑 같이 왔는데,
친구들은 저 아래 있고.
전화할 수 있는 곳을
찾고 있었지. …앉아도 돼?
레아는 블랑슈의 대답을
기다리지 않고 앉는다.
잠깐 괜찮아?
내가 방해하는 거 아니야?
…이렇게 만난 김에
그냥 바로 얘기할게.
있잖아, 저번에…

블랑슈
레아의 말을 끊으며
말 안 해도 돼… 뭔지 알겠어.

레아
너 알고 있어?

블랑슈
그냥. 짐작이 되네. 그래,
괜찮아. 이렇게 말해주러 와줘서
고마워. 남자들은 참 비겁하지.

레아
비겁하다고?
표현이 좀 심하다…

블랑슈
일어서며
난 이만 갈게.
아, 계산을 안 했구나.

L'AMI DE MON AMIE

183

블링슈는 몹시 흥분하면서
지갑을 꺼낸다. 신경질을 내다
울먹거린다. 레아가 겁에 질린다.

레아
잠깐만, 블랑슈!
내 말 좀 들어봐! 정말 미안해.
네 입장에서는 내가
나빴다는 거 알아. 하지만
난 잘못이 없어. 내가 일부러
그런 게 아니야. 이해해줘.
우린 그렇게 서로의 품에
안기게 된 거야. 나도 아직
얼떨떨하다고.

블랑슈
울면서
그래, 그래. 알겠다고.

레아
너한테 이렇게 갑작스럽게
얘길 하면 안 되는 거였는데.

블랑슈
아냐. 이게 차라리 나아.

레아
내가 정말 밉겠다!

블랑슈
네가? 아니. 그 남자지.
걔 정말 미친 거 아니니?

레아
널 꼭 사랑해야 하는 건

아니잖아. 그건 그 사람
권리라고.

블랑슈
그래. 하지만 날 사랑하는지
않는 거면, 나에게 말을
했어야지!

레아
그 사람은 그렇게 말했어.
정확히 그 말을 했다고!

블랑슈
너한텐 그랬겠지.
하지만 나에겐 반대로 말했어.

레아
뭐? 언제?

블랑슈
아직 모르고 있다면, 좋아,
내가 알려줄게. 네가
휴가 갔을 때, 우리 만났었어…
같이 우리 집으로 갔고,
그날 밤을 같이 보냈지.

레아
같이 잤다고?
그럴 리가 없잖아!
지어내지 마.

블랑슈
완벽한 사실이야.

레아
이건 정말 상상도 못 한 일인데.

그럼 도대체 왜 그런
연극을 벌인 거야?

블랑슈
무슨 연극?

레아
네가 벌인 연극 말이야.
아닌 척하면서…

블랑슈
난 그런 적 없어. 끊임없이
연극을 한 건 그 남자겠지.
그렇게 터무니없는 연극을!
부모님 집에 가 있겠다고
나를 속이고는, 결국 너를
다시 만나러 갔던 거야!
너무 황당해. 정말 미치겠다.
도저히 이해가 안 돼!

레아
아니, 잠깐만.
나야말로 이해가 안 되는데?
도대체 무슨 소리야?
너를 뭐라고 속였다고?

블랑슈
자기 부모님 집에 간다고
했다니까.

레아
언제?

블랑슈
토요일에.

레아
뭐라고? 토요일에
그 사람을 만났어?

블랑슈
그래. 저쪽에서 만났지.
저기 맞은편에서. 토요일에
말이야!

레아
너 정말 황당한 소릴 하는구나.
말도 안 되는 얘기잖아!
토요일에 여기서 알렉상드르를
봤다니, 날 속일 생각 마!

블랑슈
알렉상드르라니?
파비앙 말이야!
파비앙 얘기 중이잖아!

레아
뭐? 난 알렉상드르
얘기였는데!

블랑슈
난 그러니까…
블랑슈가 갑자기 상황을 깨닫는다.
알렉상드르 얘길 한 거라고?

레아
그래, 당연하지!
아, 황당해라!

블랑슈
너무 당황스럽다!

레아
휴, 너 때문에 십년감수했잖아!

블랑슈
내가 여기 있는 건 어떻게
알았어?

레아
몰랐어. 알렉상드르가
지금 저 아래서 날 기다리고
있고. 우린 널 마주치지
않을 만한 인적이 드문 장소를
찾고 있었거든…
잠깐, 근데 넌 내가
파비앙 얘기를 하는 줄 알았단
말이야? 그러니까 내가
없는 동안 너희 두 사람…
너 시간을 허투루 보내진
않았구나! 네가 먼저
선수를 친 거야!

멀리서 파비앙이 걸어온다. 그는
알렉상드르를 발견하고 굳어버린다.

레아
큰 소리로 두 사람을 부르며
파비앙! 알렉상드르!
이리 와!
블랑슈에게
난 너를 훼방 놓은 줄만
알았잖아!

블랑슈
아, 그게 그러니까…

미안, 레아.
내가 설명할게.

레아
이미 복수했는걸, 뭐!

두 남자가 테라스로 올라온다.
블랑슈는 파비앙의 품에 안기고,
레아는 알렉상드르의 품에 안긴다.

파비앙
블랑슈에게
미안해.
차가 막히는 바람에 늦었어.

블랑슈는 연인이 된 레아와
알렉상드르를 가리킨다.

블랑슈
너 알고 있었어?

파비앙
아니. 너희들…

알렉상드르
레아를 바라보며
우리는 내일 휴가를 떠나.

파비앙
블랑슈를 바라보며
우리도.

알렉상드르
사르데냐 섬으로.

파비앙
우린 브르타뉴 지방으로.

블랑슈

레아에게

네 걱정을 왜 했나 모르겠다.

레아

나도 네 걱정을 왜 한 걸까!

레아가 알렉상드르를 데려간다.

그럼 휴가 잘 보내!

블랑슈, 파비앙

너희도 휴가 잘 보내!

●

회극과 격언 2
Comédies et proverbes 2

1판 1쇄 찍음 2020년 8월 21일
1판 1쇄 펴냄 2020년 9월 1일

글 에릭 로메르
번역 길경선
편집 김미래
그림 이규태
디자인 이기준

펴낸이 김태웅
펴낸곳 goat
출판등록 2016년 6월 1일
제2018-000235호
주소 서울시 마포구
와우산로3길 17, 4F

한국어판 © 쪽프레스 2020
Printed in Seoul
ISBN 979-11-89519-23-0 (03680)

goat

goat는 종이를 별미로 삼는 염소가
차마 삼키지 못한 마지막 한 권의
책을 소개하는 마음으로,
알려지지 않은 책, 알려질 가치가 있는
책을 선별하여 펴냅니다.

jjokk-press.com   jjokkpress